考える。動く。自由になる。

15歳からの人生戦略

横浜創英中学・高等学校 校長
工藤勇一

実務教育出版

15歳からの人生戦略

考える。動く。自由になる。

はじめに

こんにちは。

僕はこの本で、君と一緒に「生き方」について考えていきたいと思っています。

本のタイトル『考える。動く。自由になる。』

これは、この本のメッセージを、3つのキーワードで表したものです。

世の中のあらゆるものごとをうのみにせず、自分なりに考えてみる。

考えたことを確かめたり、具体的な言葉や行動に移してみる。

当然、その結果はうまくいくことばかりじゃない。

そのときはまた考えればいい。そして、また動く。

これを繰り返しているうちに、君自身が知らなかった新しい君に気づけるようになる。

そうしているうちに、自分の生き方らしき世界がおぼろげながらも見えてくる。

誰かに決められたわけじゃない、君だけの自由な世界が。

もし君がこの世界を不自由なものと感じているなら、そのほとんどは思い込みです。
君の思考と行動次第でいくらでも自由になれるんだということを、本書で伝えていきたいと思います。

「吾十有五にして学に志す」(私は、15歳のときに学問の道を志した)。
僕は、孔子のこの言葉が好きです。
本のサブタイトルに「15歳」とつけた理由は、僕自身「自分の人生を自分で歩いているんだな」と初めて感じたのが、15歳だったからです。

10代の君にはまだピンとこないかもしれないけど、大人になってから振り返ると、このころの時間の流れはとても速くて、濃密です。
たとえば、君が中学1年生になったばかりのころを思い出してみてください。
そして、いまこの本を読んでいる君と、当時の自分を比べてみましょう。

きっと、中学校に通い始めたばかりの自分の姿がすごく幼くて恥ずかしく感じるんじゃないかな。

もちろん、中1の君はそのときどき、精一杯の真剣さで身の回りのことを考えていたはずです。ところが、ほんの1、2年でそのときの自分が幼く感じられる。それだけ、君の成長のスピードが速い証拠です。

僕はいま、63歳。60歳だったころと63歳のいまを比べても、別に大きな変化は感じません。

大人になると、自分が「変わった」と思える場面は減っていきます。むしろ、できないことが増えているのに気づくこともあって、ときどきつまらない気分になります。

僕も自分が15歳だったころを思い返すと、幼かったなと恥ずかしくなる一方で、「中学生、高校生だったあのころから、自分の人生は始まった」という感覚を強く感じるのです。

「自分の人生が始まった」とは、自律した自分を自分で作り始めた、ということ。

自分の感情をコントロールしようとしてみたり、親の言うことをうのみにせずに自分の意志を深く見つめ直してみたり、友達の意味を考えてみたり、先生たちの言葉を批判的に聞き始めたり、ニュースで知ったことを「本当かな?」と別の角度から確認するようになったり……。

当たり前とされているものごとを疑い、権力を持つ人を批判的に見て、世の中で興味を持ったことや矛盾を感じたことについて、深く考える。

つまり、そのころの僕は生きることについての「哲学」を始めていたのかもしれません。

やがてその視点は自分にも向かい、自分の言動についても批判的に見始めるようになりました。そして、「こんな自分でいいのか?」と、自分自身に対してもイライラしていた気がします。同時に、こんな思いも強くなっていきました。

世の中のことを、自分の視点で見ていきたい。
もっとたくさんのことを知りたい。
世界は思っている以上に広そうだ、と。

その一方で、女の子にモテたくて見栄を張ったり、カッコいい友達の真似をしたくなったり、背伸びをして大人ぶって話してみたり……。幼い自分と成長していく自分の間を、行ったり来たりしている15歳でした。

それでも、そのころに見せていた真剣さは、大人になったいまも僕の考え方の土台になっています。

新しく経験する一つひとつのできごとに対して、「はたして、できるのか？」と不安になりながらも逃げずに向き合えた感覚。

焦(あせ)りながらも「それでもやらなきゃ」と自分を励ました感覚。

逆に「自分には無理」と、途中で投げ出してしまい後悔した感覚。

自分や社会について哲学する経験は、僕の世界を一気に広げてくれました。

その習慣は、いまも続いています。

僕は、君が親や先生の言うことを素直に聞くような子どもであってほしくないと思っています。それは「大人に反抗しよう」ということではありません。親や先生は、いままでの価値観から「よかれ」と思って君にアドバイスをしてくれます。

でも、当たり前ですが、君がこれから生きていく時代は、先生や親たちが生きてきた時代ではありません。未来がどうなるかなんて、誰にもわかりません。

つまり、大人からの「よかれ」のアドバイスは正しくないかもしれないのです。

だから、君が見聞きして感じたことや、この本にある内容も材料の一つにして、自分なりに考える人になっていってほしいのです。

というのも、未来の姿を予想するのは難しいことですが、この先、世の中が大きく、より速く変わっていくことは確実だからです。

たとえば、君が生まれた15年前といまを比べても、テクノロジーの進歩はすさまじい。インターネットもスマホもない時代に15歳だった僕には、想像できなかった社会になっています。

これから、いまよりもステキな世界がやってくるのか？

大変な時代がやってくるのか？

どちらにしろ、その世界をつくる一人は、君です。

世界は誰かに与えられるものではなく、自分でつくるもの。

その意識を持って、自分で考え、判断し、決定し、行動する力を身につけていきましょう。その力は、不確実性の高い未来を生きていくためにもっとも欠かせないものです。

1年前、2年前の自分を振り返って恥ずかしく思える、そんなすごい成長期は長く続きません。いま、君はすごく素敵な時間を生きています。きっと、この本を読み終わったときには、読む前より自分をもっと好きになれるはずです。

この本は、5つの章で構成されています。

1章では、人間がどんな生き物なのかを考え、「自分」を哲学していきます。

2章では、この先の世の中がどんな社会になっていくのかを考えながら、「当事者意識」について掘り下げていきます。

3章では、学校をテーマに校則や多数決、いじめの問題を取り上げながら、じつは「民主主義」について考えていきます。

4章では、友達とのつながりを入口にして、「人間関係」のコツについて考えていきます。

5章では、これからの時代に必要な「学び」について考えていきます。

「はじめに」の最後に僕が伝えたいのは、「これからの人生、15歳なんて、ほとんどなにも始まっていない」ということです。

人生は、これからです。そして、何歳になっても通過点です。
いまがあるから、未来の自分があります。

辞書にふせんを貼ったり、マーカーで線を引いたりしながら使っている生徒がいます。買ったときはピカピカだった表紙も使ううちにこすれてきて、手あかがついて、ページの間からはふせんが飛び出し、各ページには自分で引いたマーカーの線があちこちに……。
見た目は新品のピカピカに比べるとくすんでしまっているけど、その生徒にとってはかけがえのない特別な辞書になっていきます。
同じように、君はこれから多くのできごとにかかわって、かかわって、さらにかかわっていくうちに、愛着を感じる特別ななにかに出合うはずです。

僕は、生きることもそれに似ていると考えています。
世界全体も成長途中で、社会全体もいつも成長途中です。
もちろん、君が生きていくこれからの世の中もずっと成長途中。
君が自分で考え、行動を起こすことで、成長途中の社会を変えていくことができます。
だから、いまの歳で、世の中がつまらない、大人なんてつまらないと思ってほしくないのです。

世界はまんざら捨てたものじゃないし、ステキな大人は山ほどいます。
15歳は、これから色濃い経験を積んでいくことのできる年齢です。
恋愛も、勉強も、仕事も、旅することも、なんにでも取り組んでいくことのできる時間がたっぷりあります。
いま元気な君も、落ち込んでいる君も、10年たてばまったく別の自分に変わっています。
15歳の君が25歳になったとき、見えている景色はまったく違うものになっていくのです。

人は誰でも大きく変わっていけるのだから、人生って素敵です。

『考える。動く。自由になる。』 15歳からの人生戦略 目次

第2章　社会

社会はつくられるものではなく、つくるもの。その力は君たち一人ひとりが持っている

第3章 学校

君にとって、学校ってなんだろう?

第4章　人

友達って、ゼッタイに必要？

第1章 自分

人間、
そんなにがんばれない。
でも、誰でもいくらでも
成長できる

人間は、そもそもがんばれない生き物

若いころの僕はどちらかと言えば、困難をガッツで乗り切るタイプでした。
でも、ほかの誰かから「気合いで乗り切れ！」「がんばれ！」などと励まされることは大嫌いでした。

よかれと思って言っているのでしょうが、僕は、ただただうっとうしく感じたものです。
ときには、それが怒りに変わってしまうことだってありました。
もしかするとそのイライラは、がんばろうとしてもなかなか思うようにならない自分に対する怒りだったのかもしれません。
君は、そんな気分になったことがありますか。

ただただ気持ちばかり焦って、なにも前に進まない毎日。

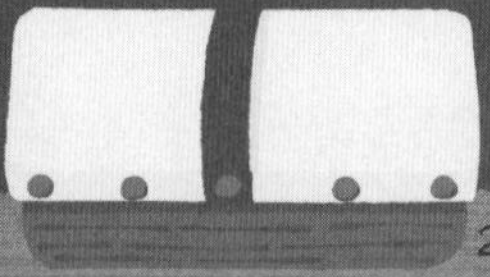

それなのに、親や学校の先生や塾の先生は気安く「がんばれ」と言う。
ますます自分が嫌になる。

でも、大丈夫。
なぜなら人間は、そもそもがんばれない生き物だから。
本当ですよ。
その理由については、あとでくわしくお話しします。
だから、自分を責める必要なんかないんです。
とりあえず、がんばれないときは、ゆっくり休んでみるのもいいかもしれません。

15歳。君の人生は、始まったばかりです。
ときどきは、いま悩んでいることを忘れて、僕たち人間や社会のことについて「なぜだろう、どうしてだろう」と、考えてみませんか。

僕たちはみんな、望む方向に自分を変えていける

15歳の君に、僕から伝えておきたいことがあります。

「10年後の君は、いまの君からは想像もできないほど、ほぼ別人になっている」

ということです。

これも、本当ですよ。

僕はいま、63歳。

15歳のころの自分を、いまではほとんど思い出すことができません。どんな性格だったのか、どんな行動をしていたのか。覚えていることはほんのわずかです。

正直、いつごろから思い出せなくなったかさえ、わかりません。

18歳くらいのときはまだはっきりと覚えていた気がしますが、30歳ごろには、すでにほぼ思い出せなくなっていた自分を知っています。

いま、僕は横浜創英中学・高等学校という中高一貫校で校長という人前に立つ仕事をしていますが、15歳のころの僕は真逆で、人の前に立つことが大の苦手でした。**「リーダーになんか絶対にならない」**と、強く意識していたほどです。

ほかのことを無理に思い出そうとしても、出てくるのはせいぜい、女の子にカッコよく見られたいと思って、服装や髪型など、見た目だけ気にしていた情けない自分の姿くらいです。

目立つ男友達を見るたびに、**「あいつはすごい。それに比べてオレはダメだ……」**と、劣等感を抱いていた気がします。

こんな感じなので、15歳よりももっと前のことなんて覚えているわけがありません。そこで、小中学校の通知表がいくつか残っていたので、引っ張り出してみました。

こんな感じです。

身の回りの整理整頓ができていない。特に机の中が乱雑。
元気がなく、しょんぼりしているときもあります。

授業中、はっきりした態度は取りません。
気の弱いところが見受けられ、発表時の声も小さい。
極端に文字がへたです。しっかり書くこと。

ここまでが小学校時代のものです。
それにしても、昔の先生はハッキリと書きますね（笑）。
そして次が、中学3年生のときの所見です。

＊1学期
がんばり屋であるが、他の人を引っ張っていく態度がほしい。
＊2学期
他人と協力してやろうとする気持ちが出てきたのはよかったのですが、活発さが足りません。
＊3学期
積極的に臨んだのはよかったのですが、多少落ち着きを欠くところがありました。

中学校の先生から見た僕の姿も、やはりこんな感じです。
でも、それから10年後には数学の先生として、生徒の前に立っていたんです。

ですから、いまの君が「落ち着きがない」といつも注意されているとしても、10年後には、冷静沈着な判断で、まわりの信頼を集める人間になっているかもしれません（もっとも、いまの僕が冷静沈着な人間になれているかどうかはわかりませんが）。
引っ込み思案でしゃべるのも苦手な君が、10年後はものすごく外向的で話すことが得意な人間になっているかもしれない。
「熱中できることが見つからないな……」と悩んでいる君が、10年後にはあるジャンルの専門家になっているかもしれない。
誰でも、10年あればそれくらい変わることができます。だから、人間はおもしろい。僕は自分の人生を通して、そう実感しています。

では、どうすれば僕たちは自分の望む未来に向けて自分を変えていくことができるのか。

この章の目的は、それを「哲学する」ことです。
身近なエピソードをお話ししましょう。
ときどき学校で、男子生徒たちからこんな質問をされることがあります。

「ねえ、先生。女の子にモテるにはどうすればいいの？」

僕と生徒との会話は、次のように続いていきます。

「そうか、女の子にモテたいか？」
「そりゃそうですよ」
「じゃあ、逆に僕から一つ聞いていい？」
「はい」
「いま、君は3年生？ だとすると20年後は35歳だね。いま女の子にモテるのと、20年後の35歳のときにモテるのと、どっちがいい？」
「そりゃどっちもモテたいけど、35歳のときにモテない自分はイヤだなあ」

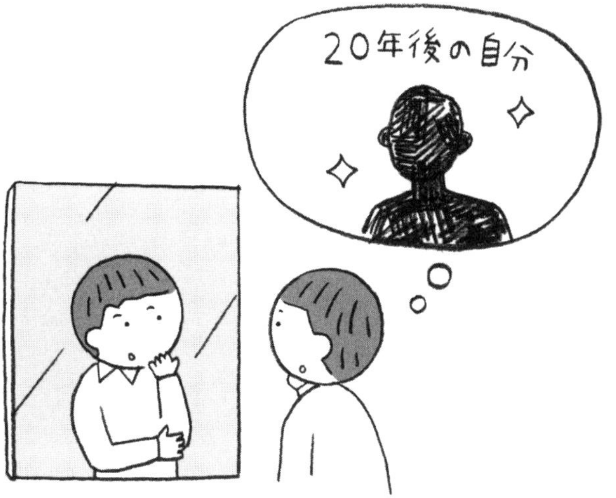

「僕もそう思う。そしたらいまは、自分を磨いた方がいいんじゃないかな。若いときのカッコよさなんて、しょせんたいしたことじゃないから（笑）」

自分を変えていくために最初にすべきことは、「いまの自分」と向き合って、「少し先の未来の自分」をきちんと想像すること。

もし「未来の自分なんて想像つかない」という人は、なんとなくでもいいから目標のようなイメージを描き、そんな自分にたどり着くための「しくみ」を作ってみたらどうだろう。

そして、そのための行動を積み重ねていくこと。

もちろん、それらがうまくいかないこともたくさんあります。でも、そこで落ち込む必要なんてありません。そのままの自分を受け止めて行動し続けましょう。

歩むことさえあきらめなければ、君は自分の望むスペシャルな人、まわりも認めるプロフェッショナルになることだってできるんですから。

君が動き出せば、最初の1分から変化が生まれる

一つのことの「プロ」になるために必要な時間を調べた、マルコム・グラッドウェルというカナダ人のジャーナリストがいます。

彼が書いた『天才！ 成功する人々の法則』（講談社）という本によると、一流のミュージシャンやアスリート、技術者たちは専門性を高めるために1万時間を練習や訓練に費やしていたそうです。

「1万時間」と聞いて、どのくらいの長さか、すぐに想像がつきますか？

たとえば、君が多くの人に感動を与えるカッコいいギタリストになりたいと思っている

としましょう。

1年間、毎日3時間ギターの練習をしたとして、1年間の練習時間は3×365＝1095時間。つまり、1万時間には約10年かかる計算です（厳密には9年と49日）。

「1日3時間×365日×10年＝1万9950時間」

15歳の君にとって、10年はとてつもなく長い時間に感じられるかもしれません。15歳から努力を始めたとして、プロとして人をうならせるギタリストになるには、25歳まで毎日練習する必要があるわけですからね。

でも、25歳から先の人生ではずっと、君のギターの奏でる音がたくさんの人の心を揺り動かすと想像したら、どうでしょう。

なんだかワクワクしてきませんか？

最初にお話しした通り、僕たちは基本的にがんばれない生き物。**でも、なりたい自分を想像して、そんな自分にたどり着くための「しくみ」を作り、行動を積み重ねていくことで、僕たちはどんな自分にだってなることができます。**

それは、何歳からでも起こせる変化です。

1万時間の法則も、「こうなりたい」と思った自分に向けて行動し始めた「最初の1秒」から始まるんです。

ことわっておきますが、この1万時間という数値は一つの目安にすぎないし、統計的な根拠があるわけでもありません。

実際はこの時間よりもはるかに早く一流になる人もいるし、その逆だってあります。時間の量だけがすべてを決めるわけではないのです。それでもなお、この考え方はとても素敵だと僕は思います。まずは「どんな自分になりたいか」を考えてみるところから、自分を哲学していきましょう。

「自律」って、大人でもむずかしい

とはいっても、「どんな自分になりたいか」を考えたり、「働く自分」を思い描いたりすることは、そんなにかんたんじゃありません。

特に明日、明後日、一週間先などでなく何年か先の未来の自分となると、考え出したところで、うまくいきっこありません。

それは「自分を哲学する土台」が整っていないからです。

その土台とは、「自律」です。「自立」ではありませんよ。

僕の考える「自律」とは、「自分で考え、判断し、決定し、行動すること」。

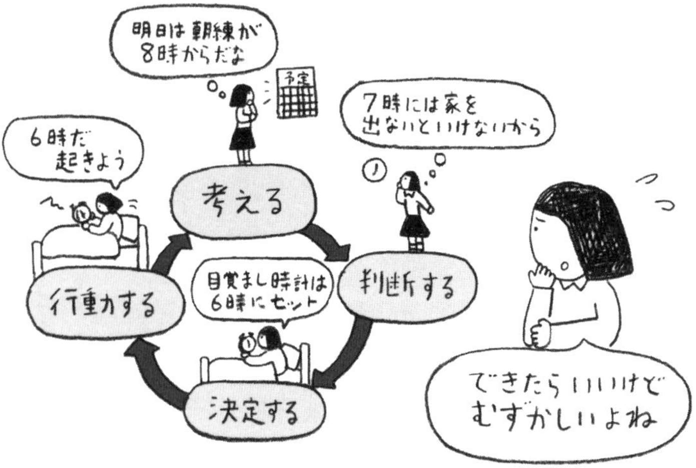

「自分で考えて、決めて、それを行動に移す」。一見かんたんなようにも思えるけど、じつは大人にとっても、とてもむずかしいことです。**その理由は「人間の脳のしくみ」にあります。**

ここからのお話は少し専門的になるけど、僕の友人でもある応用神経科学者の青砥瑞人さんから学んだことをベースに、僕なりの言葉で伝えたいと思います。

脳の重さは、一般的な体型の人の全体重に占める割合の2％ほど。**ところが、脳は一日のうちに、人が消費するエネルギーの1／4、25％も使います。**

つまり脳は、重さのわりにとてもたくさんのエネルギーを使う、燃費の悪い器官なんです。
そこで人間の進化の途上で、脳には効率のよさを追求する「しくみ」が備わりました。
たとえば、新たに行動を起こすときに必要なエネルギーを「10」とすると、その行動を何度も繰り返すうちに、「3」くらいのエネルギーでできるように変化していくのです。
だから、最初のうちは「これをやるぞ！」と強く意識しなければできなかったことも、何度か繰り返すうちに、無意識のうちに処理できるようになっていくのです。人間って、すごいと思いませんか。

たとえば、鉛筆で自分の名前をプリントに書くとき、**「鉛筆を持って、手を動かして、プリントに名前を書くぞ」**なんて、いちいち意識したりしませんよね。でも、小学校低学年のころまでは、たぶん違っていたのではありませんか。
そう、君は何度も意識して書くことを繰り返すうちに、友達と雑談しながらでも、ささっと名前を書けるようになっていったはずです。つまり、繰り返すことがどんどん自分の行動を楽にしてくれるのです。
これは「脳に刻み込まれた無意識のパターンが、僕や君を動かしてくれる」と考えると

いいかもしれません。

ある行動を繰り返すうちに、しだいに無意識の行動パターンができあがり、その行動パターンが勝手に自分を動かしてくれる。そんなイメージです。

そのかわり、この「無意識の行動パターン」はなかなかのクセ者でもあります。**一度行動パターンができあがると、それと別の行動をしようとするとき、大きな「壁」として立ちはだかるからです。**

たとえば、なにごともネガティブにとらえてしまう人がいます。そんな行動パターンができあがった人が、「明日からクヨクヨすることをやめて、ポジティブな人間になるぞ」といくら強く意識しても、なかなかうまくいかないだろうことは、想像がつきますよね。一度身についた無意識の行動パターンは、大人でも、自分の意志ではかんたんに直すことができないからです。

自律がむずかしい理由は、僕たちの「脳」にある

①

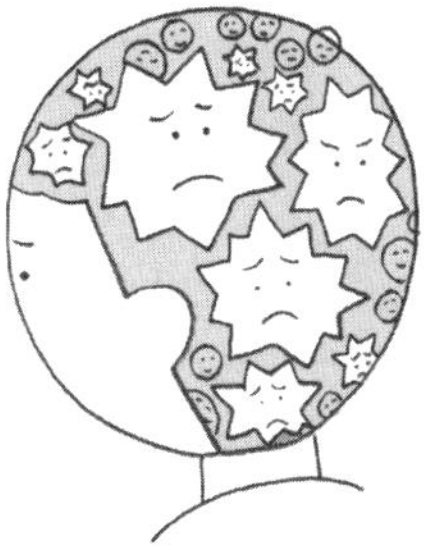

②

さらに困ったことに、脳には次の2つの特徴があります。

① 脳が意識できる情報は、入ってくる情報量の1／1000

② 脳は、ポジティブな情報よりもネガティブな情報に反応しやすい

脳科学の研究によると、僕の脳も、君の脳も、五感から入ってくる情報量の1／1000程度しか認識できていないことになります。しかも、一つのことに注意を向ければ向けるほど、ほかの情報を意識できなくなってしまう特徴を持っています。

YouTubeには、こうした脳の特徴を追体験

できるアメリカのハーバード大学の研究チームによる「錯覚の科学」という1分少々の動画がアップされています。ぜひ、この先を読む前に一度、スマホかパソコンで見てみてください。

（https://www.youtube.com/watch?v=vJG698U2Mvo）

この動画の冒頭では、視聴者にこんな問いが投げかけられます。

「白いユニフォームのチームが、ボールを何回パスするか数えてください」

これを素直に聞いてバスケットボールの動きに集中していると、ほとんどの人は堂々と画面を横切っていく「ある動物」に気づきません。

「画面を横切る動物がいる」と知ってから動画を見返すと、君は、ゴリラの着ぐるみがパス回しをする人たちの真ん中を悠々と横切っていくのに気づきます。そして、「これに気づけなかったの？」と、驚くはずです。

「僕たちの脳は、入ってくる情報量の1／1000しか認識できず、注意を向けたこと以

外の情報はどんどん意識できなくなる」

この動画で、そのことが納得できたのではないでしょうか。

また、２つめの特徴としてお話しした通り、僕たちの脳はネガティブな情報に特別反応しやすい傾向を持っています。

これは、人間が狩猟生活をしていたころの記憶が残っているからだと言われています。

いま、僕たちは平和な国に暮らしていますが、太古の昔は身のまわりに危険が満ちていました。じつは、人間の脳の基本的な構造はそのころから変わっていないのです。

命にかかわる危険を回避するには、ネガティブな情報への反応の早さが重要です。そして、なにかに集中するよりも、たえず周囲に注意を払っている方が生き残る確率が高かったのです。

つまり、脳には「もしかしたら、自分の身に危険がおよぶかもしれない」と予測し、ネガティブな情報をすばやくキャッチする「ネガティブセンサー」が備わっているというわけです。

ですから、僕たちはどうしても、ものごとを否定的に見やすくなります。

「あいつは自分の味方か、敵か」と品さだめしてしまう。
人の嫌なところが気になってしかたない。
知らない人と友達になるのがこわい。

などなど、君も心あたりがあるかもしれないこうした行動は、ある意味人間として自然なことなんです。

だから、もし君が誰かに友達の悪口を言ったとしても、そのこと自体は脳科学的には「当たり前のこと」。だから、「自分は性格が悪いのかな……」などと自分を責めすぎる必要はありません。

ただこわいのは、先ほどもお話ししたように「ふだんから悪口を言い続けていると、無意識の行動パターンとして脳に定着してしまう」ということです。

人間は、もともとネガティブになりやすい生き物だと知っておく

ここで、脳の特徴を整理してみます。

- 意識できる情報は、入ってくる情報量の1／1000
- 脳は、ネガティブな情報に反応しやすい
- 特定の行動を繰り返すうち、その行動が無意識で行うレベルで習慣化される

これらの特徴を考えれば、人間がネガティブのスパイラルからなかなか逃げられなくなるのも当然ですよね。

たとえば、過去に好きな人に告白してフラれた経験があって、それがきっかけで新しい恋愛が苦手になってしまった人がいるとしましょう。

新しく好きになった人を前に「フラれたらどうしよう……」と不安を感じるのは、脳の特徴から考えてごく自然なことです。**しかし、「できない理由」ばかりに注意を向けてしまうと、どうなると思いますか？** そう、「できる理由」にはまったく目がいかなくなり、

そしてまた、「今回もやめておこう」とチャレンジを避ける決定を繰り返してしまうのです。

結果、「チャレンジを避ける」という無意識の行動が強化され、ますます、チャレンジ嫌いな人間ができあがるというわけです。

どうしたら、もともとネガティブになりやすい自分自身を変えていくことができるのでしょうか。

そのヒントは、世の中で活躍している方々から学ぶことができます。この人たちの多くが、あるすぐれた能力を身につけています。それは「メタ認知能力」と呼ばれるものです。

メタ認知とは、客観的に自分を眺めてみること。もう一人の自分が、**君の頭の斜め上から君自身の考えや行動を観察しているイメージです。**

この視点を持つと、ネガティブに反応しがちな僕たちの脳をうまくコントロールしていくことができるようになります。次は、この話に移っていきましょう。

もう一人の自分がネガティブになっている自分に気づけたら、一歩前進

たとえば、君が「新しいことにチャレンジしたい気持ちはあるけど、失敗がこわくて行動できない……」と悩んでいるとしましょう。

さて、どうしたらいいと思いますか？

さっき、無意識の行動パターンは書き換えるのが難しい、というお話をしましたね。

そう、最終的な解決方法は、「これまでのネガティブな行動パターンを書き換える方法」を見つけ出すことです。そのプロセスを一つずつ順番に考えていきましょう。

①チャレンジしたい気持ちはある
②でも、失敗がこわい
③だから、行動できていない

まずは、もう一人の自分が②の「失敗がこわい」というネガティブな状態になっている自分に気づけたら、一歩前進です。意外と、ここに気づけていない人がたくさんいます。

僕の場合、**「ほんの少し先の未来の自分を、もう一人の自分で予測する」**ように心がけています。

たとえば、ある仕事でリーダーを任されたものの、まわりの人がなかなか動いてくれない状況にイライラしている自分が予測できたとします。

動いてくれない仲間たちに怒りを覚え、動かせない自分自身をもどかしく感じている状況。これさえ予測できれば、次の段階に移ることができます。

そんなとき、ネガティブな感情の自分に対して、もう一人の自分が次のように声をかけます。

「人が動いてくれないのは、当たり前じゃない?」
「動いてくれると思ってる自分がおかしいんじゃない?」

その気づきが得られると、その理由に目がいくようになります。そしてたとえば、次のような疑問が生まれてきます。

「『人は動かなくて当たり前』だとしたら、動いてくれないのはなんでだろう」
「目的が一人ひとりに伝わっていないからかな?」
「そもそも、この目的は適切ではないのかも?」
「だったら、みんなモチベーションなんて湧くはずないな」
「一人ひとりのモチベーションを上げるには、なにが必要なんだろう」
「自分の姿は、みんなにどう見えているんだろう」

こんな疑問の答えを探していくうちに、「じゃあ、どうすればみんなが動いてくれるか実験してみよう」などと、疑問を解消するためのアクションを意識的に起こせるようになります。

「つべこべ言わずに動けよ！」と強制したら、キレられた。

「この活動には〇〇の意味があって、キミにとっても△△のメリットがあるから、やってみる価値はあると思うよ」と理由と相手のメリットを伝えたら、しぶしぶ動いてくれた。

そうやって一つひとつの「実験」から生まれる結果を見ながらやり方を変えていくうちに、無意識の行動パターンを書き換えるヒントが見つかるはずです。

失敗をこわがることをこわがるな

なにか行動を起こす前に「うまくいかなかったら、どうしよう……」と、失敗をこわがるのはごく普通のこと。不安や恐怖を感じるのは生き物としての本能だから、恥ずかしがる必要なんてありません。気合いや根性、がんばりで、その感情が消えてなくなったりはしないのです。

でも、君はもう「失敗に注目してしまうのは、脳のしくみだから当たり前」という脳の特徴を、知識として持っていますよね。だから、自分の感じている不安や恐怖に対して、冷静に向き合えるはずです。

「チャレンジには、いつも失敗の可能性がある」
「もし失敗したら、うまくいかなかった理由を分析して、別のうまくいきそうな方法を探せばいい」

この2つの事実に自分で気づくことができれば、「失敗はこわいけど、やってみよう」「うまくいくかもしれないから、チャレンジしてみよう」という気持ちを持つことができるはずです。

ここで大事なのは、「ネガティブになっている自分に気づいても、絶対に自分を責めない」ことです。

「失敗をこわがってしまうなんて、自分はダメだ」

「こわがる自分を反省しなくちゃ」

そんなふうに考えるのは、やめましょう。

「ダメな自分」に注意を向け、反省すると、無意識のうちにネガティブなサイクルに入っていってしまいます。それでは本能の思うツボ。

そうではなく、こわがる自分、がんばれない自分を客観的に知ったうえで、「チャレンジする自分」に注意を向け、ポジティブで具体的な行動につながる「しかけ・しくみ」をつくっていくことが大切です。

次は、そのしかけについてお話しします。

見える世界を科学的に変えていく方法

脳科学では、無意識の思考や行動パターンを変えるには、意識して同じ言動を繰り返すことが効果的だと言われています。いわゆる「ルーティン」と呼ばれているものです。

実際、スポーツでもビジネスでも一流と呼ばれる人たちは、ネガティブになりがちな脳の特徴を克服するための「しかけ」を工夫しています。

たとえば、野球のメジャーリーグで活躍している大谷翔平選手は、高校1年生のとき、自分の部屋に「マンダラ式チャート」と呼ばれる、自分で作った目標シートを貼っていたそうです。大谷選手のマンダラ式チャートはインターネットで調べればすぐに出てきますので、ぜひ検索してみてください。

マンダラ式チャートは、紙に9×9のマスをつくり、真ん中のマスに自分の成しとげたい目標を、まわりの8マスにその目標を達成するために必要だと思う要素をそれぞれ書き足していくものです。

大谷選手は高1の時点で真ん中のマスになんと「ドラ1 8球団」、つまり**「ドラフト1位で8球団から指名される」**と書いています。

そして、その右隣のマスに「スピード時速160km」、下のマスに「運」など、目標達成のための手段を記入。そこからさらに「時速160km」という目標達成のために、「肩まわりの強化」など8項目の達成手段・要素を、「運」という目標達成のために「ゴミ拾い」

体のケア	サプリメントをのむ	FSQ 90kg	インステップ改善	体幹強化	軸をぶらさない	角度をつける	上からボールをたたく	リストの強化
柔軟性	体づくり	RSQ 130kg	リリースポイントの安定	コントロール	不安をなくす	力まない	キレ	下半身主導
スタミナ	可動域	食事 夜7杯 朝3杯	下肢の強化	体を開かない	メンタルコントロールをする	ボールを前でリリース	回転数アップ	可動域
はっきりとした目標、目的を持つ	一喜一憂しない	頭は冷静に心は熱く	体づくり	コントロール	キレ	軸でまわる	下肢の強化	体重増加
ピンチに強い	メンタル	雰囲気に流されない	メンタル	ドラ1 8球団	スピード160km/h	体幹強化	スピード160km/h	肩周りの強化
波をつくらない	勝利への執念	仲間を思いやる心	人間性	運	変化球	可動域	ライナーキャッチボール	ピッチングを増やす
感性	愛される人間	計画性	あいさつ	ゴミ拾い	部屋そうじ	カウントボールを増やす	フォーク完成	スライダーのキレ
思いやり	人間性	感謝	道具を大切に使う	運	審判さんへの態度	遅く落差のあるボール	変化球	左打者への決め球
礼儀	信頼される人間	継続力	プラス思考	応援される人間になる	本を読む	ストレートと同じフォームで投げる	ストライクからボールに投げるコントロール	奥行きをイメージ

大谷翔平選手が高校1年生のときに書いたマンダラ式チャート

「本を読む」などの8項目を記しています。

目標の高さ、それを実現するための具体性はさすがです。しかし、そんな彼でも「たとえ自分が決めたことでも、繰り返し注意を向けないと忘れる自分、やらない自分」をメタ認知によって知っていたのでしょう。

そのため、常に見えるところにマンダラ式チャートを貼っておき、何度も繰り返し見ては、取るべき行動を頭の中にたたき込む作業を繰り返していたのです。

ちなみに、彼が「運に強くなるための策」としてマンダラ式チャートに書き入れた「ゴミ拾い」はいまも続けていて、二刀流でメジャーリーグを席巻したシーズンでも、グラウンドの上に落ちていたゴミを拾うシーンがニュースになっていました。

大谷選手の場合、すでに高1の段階で「こうなりたい自分」を具体的なイメージとして持っていたわけです。

そして、その目標に向かって自分を変えていくため、マンダラ式チャートという「しかけ」を使い、脳が注意を向ける先をコントロール。目標に近づくための行動を書き出し、日々愚直に繰り返していったのです。

「大谷選手だからできたんでしょ」と思ったら、そんな自分を「メタ認知」で疑ってみましょう。

君も、今日から真似できる方法かもしれませんよ。

脳みその中に、行動につながる「回路」をつくる

「なりたい自分」を君なりに描いたら、そこに近づくための「しかけ」をつくりましょう。
大谷選手のマンダラ式チャートを真似してもいいし、別のやり方を探してきてもOKです。

大切なのは、意識を「なりたい自分」に向け、その自分に近づく行動を繰り返すこと。

すると、脳を君の望む方向へコントロールすることができます。

どのくらい繰り返していけば、無意識が変化していくか。そこにかかる時間は人それぞれです。でも、「なりたい自分」に近づくための行動を繰り返すことで、確実に僕たちの脳には新たな回路が作られていきます。

そう考えると、やらない理由なんてないんじゃないかな？

大谷選手のマンダラ式チャートのエピソードを紹介した本を読んだとき、僕は自分の学生時代を思い出しました。

とても彼のようにうまくはいきませんでしたが、僕は忘れっぽい自分の性格を知っていましたから、紙に**「〇〇をする」**と書いては、自分の部屋のあちこちにベタベタ貼っていたものです。

結果的に貼りすぎてしまって、なにから始めたらいいのかわからなくなったこともよくありました（笑）。でもいまでも、ときおりこのしくみを利用します。

たとえば、すぐにやらなくてはいけない仕事のことは、ショッキングピンクのふせんに書いて机の上や手帳の中に貼っておきます。

ショッキングピンクは僕の好きな色ではなく、むしろ「苦手な色」。だから、逆に目に入りやすく、「あ！ あの仕事をやらなくちゃ！」と、自分の脳に信号が送られやすいのです。

君もそういう自分なりのしくみをつくることで、ちょっとずつ自分がいい方向に変化していくのを感じられるはずです。

無意識の行動パターンを変化させるのは、地道な作業です。時間もかかります。しかし、何度も繰り返しやっていくうちに、少しずつ変わっていきます。

自分の目標のために自分でしかけを考えて、決めて、行動すること。それが、なりたい自分に近づく一番の近道なのだと僕は信じています。

壁にぶつかったとき、絶対にやってはいけないこと

君がたとえ「なりたい自分」に近づくためのしくみを作って行動を繰り返せるようになってきても、いつも思い通りに進むわけじゃありません。一度は、なかなか越えることのできない「壁」にぶつかるものです。

特に新しいことにチャレンジしている場合、どうすれば解決できるのか、まったくわからない状況に陥ることがあります。そんなときは、誰もが大きなストレスを受け、ネガティブな気持ちになってしまうものです。

すぐれた人たちの中には、解決方法の見出せない大きな壁に出合っても、そのストレスを上手に回避できる力を身につけている人たちがいます。

心理学の世界では、壁に直面したときのストレスやネガティブな感情に対してうまく対処する能力のことを「コーピング（対処）力」と呼んでいます。

では、コーピングの上手な人たちは、どのように目の前の壁に対処していっているのでしょうか。じつは心理学の研究によって、うまく対処できる人に共通する行動パターンがわかっています。

つまり、コーピングのうまい人の行動パターンを知って、コツを真似することで、君も「なりたい自分」に向かうのが得意な人たちにぐっと近づくことができるのです。

そのコツをお話しする前に、一つ君に質問です。

「君にはここ数日、解決できなくて困っている問題があります。そのとき、次の4つの選択肢のうちどの行動をとれば、ストレスやネガティブな感情にうまく対処できる人に成長できると思いますか？」

①積極的に問題を解決しようとする
②一人でひたすらストレスに耐える
③人に相談してみる
④ほかのことをして気分転換する

さて、君ならどうしますか？

心理学の研究によると、コーピングの上手な人のとる行動パターンは①と③。

一方、20代の僕がよくとっていた行動パターンは①と②でした。そして、「絶対にとってはいけない行動」として意識していたのが③です。

僕は「人生ではたくさんの困難を経験することが重要で、それにどれだけ耐えたかで強

い人間になれるかどうかが決まる。だから、人に相談する人間は弱い人間」なんて考えていました。

ですから、若いころの僕は人に相談することが大嫌いでした。あとでこの行動パターンがあまりよいものじゃないと知ったときは驚いたのと同時に、**「自分一人でがんばらなくていいんだ」**と、正直ホッとしました。

たしかに、一人で耐えたところで、解決方法が見出せなければ、状況はまったく変わりません。だから冷静に考えれば、②を選ばないのは納得です。

なにより、一人で耐えるタイプの人は自分を追い詰めてしまうことにもなり、結果として、うつ病などメンタルの病気になりやすいとも言われています。

では、僕はほとんどやらない行動ですが、④の気分転換はどうでしょう。

一見、悪くなさそうな選択ですよね。実際、精神的に苦しい状態が継続していることは脳にとってはよくないことですから、散歩に行ったり、スポーツをしたり、音楽を聴いたり、ゲームをしたりするなど、自分の好きなことに没頭できればリフレッシュできそうです。

でも、その「ツケ」があとからやってくることがあります。

リフレッシュすることで壁が消え去ってしまうのであればいいのですが、実際にはその間に勝手に問題が解決していることはまずありません。それどころか、時間だけが過ぎてしまっていて、結局、より追い詰められた状況になってしまうことがよくあります。

ストレスをためない人が必ずやっていること

積極的に行動するにしろ、人に相談するにしろ、コーピングでよけいなストレスを避けながら「なりたい自分」に向かうのが上手な人たちは、その選択肢を選ぶ前に一つの準備をしています。

その準備とは、「目の前の壁の原因を洗い出すこと」です。

たとえば、君が高校生になるにあたり、アルバイトを始めてみようかどうか悩んでいるとしましょう。

夏休みに一人旅をして、新しい経験をしたい。その資金をつくるためにはアルバイトが必要。でも、どうしても勇気が出ない……。

そこで、壁となっている悩みの原因を書き出していきます。

「どんなバイトをしたらいいか、よくわからない」
「人見知りだから、バイト先の人間関係になじめるか不安」
「働いたことがないから、自分にできるか自信がない」
「親に反対されそうで、相談するのがめんどくさい」

ポイントは、そんな自分と向き合って、モヤモヤしている原因をしっかりと言葉にすること。それらを十分に書き出せたら、次の2つの視点で整理していきましょう。

- 悩みの原因が、自分で解決できそうなことなら……とるべき行動に優先順位をつけて、実行していく
- 悩みの原因が、自分で解決できそうにないことなら……解決方法を知っていそうな人に相談する

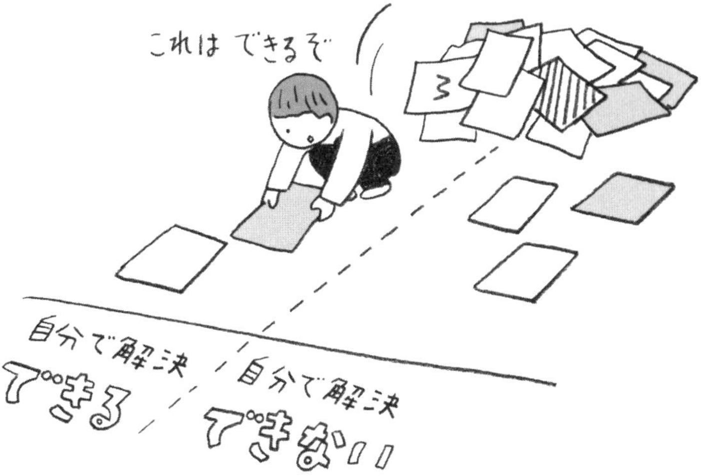
これはできるぞ
自分で解決できる
自分で解決できない!!

自分で解決できることについては、やるべき順番をつけて、一つひとつ行動していくといい方向に向かいます。

一方、自分では解決できないことについては、先ほどお話しした通り、一人で悩んで耐えていても状況は良くなりません。解決方法を知っている人、知っていそうな人に相談して、打開策を探していくことが必要です。

君が相談しようとしているその人は、解決方法を知っているか？

相談するとき大事になってくるのが、「誰に相談するか」です。

中高生の君にとって一番身近な相談相手は親かもしれないし、仲のいい友達かもしれません。たしかに、親や友達に困りごとや悩みを相談すると気持ちが楽になります。

また、人に話して問題を「アウトプット」することで、自分が悩んでいるポイントがはっきりわかるようになることもあります。でも、相談相手が仲のいい友達だとしても、解決方法がわからなければ、具体的になにをすればいいのかわかりませんよね。

仲のいい友達に話して「それは大変だね」「どうしたらいいんだろうね」「うーん……」と2人で一緒に考え込んでしまうのは、よくあるパターンです。

ですから、打開策を探るためには、相談相手が解決方法や解決のためのヒントを知っている必要があります。

先ほどの例で言えば、実際に高校時代にアルバイトをした経験がある人です。

その点、コーピングの上手な人たちは仲の良さや身近さではなく、「解決方法そのもの

を教えてくれそうな人」を選んで相談に行きます。ですから、君も「解決方法を知っていそうかどうか」を基準に相談相手を選ぶようにしましょう。

たしかに、親や仲良しの友達は、君のつらい気持ちやしんどさに寄り添ってくれます。それは大きな助けと励ましになります。

ただ、悩みの原因がはっきりしていて解決の方法を知りたいときは、その分野の知識があって、客観的に状況を見極めてくれる人の意見こそが役立ちます。

そういう人が近くにいなければ、親や先生、友達に聞いてみましょう。もちろん、SNSで探してもかまいません。

そして、「この人だ！」と思える候補が見つかったら、初めて会う相手でも勇気を出してアポイントをとって、相談してみてください（一つだけ、安全には十分気をつけてください。その人が本物かどうか、善人かどうかなんてわからないのですから。その危険性だけは頭の中に入れておいてください）。その行動が、君を「なりたい自分」にまた一歩近づけてくれます。

ここまで解説してきた壁にぶつかったときの対処法は、人間関係や勉強の悩みなど、君がこれからぶつかるかもしれないさまざまな問題にも役立つしくみです。

あらためて、順序を書いてみます。

①自分がなにに困っているのか、悩んでいるのか、その原因を俯瞰（メタ認知）で見て、書き出してみる
②その原因が自分で解決できることとか、できないことかを仕分ける
③解決できることなら、取るべき方法に優先順位をつけ、行動していく
④解決できないことなら、解決策を知っていそうな人に相談する
⑤教わった解決策を、「しくみ化」できないか考えながら試してみる
⑥それでもうまくいかなかったら、そこまでに試したことも含めて、もう一度①からやってみる。またはほかにくわしい人を紹介してもらう

このしくみに繰り返しトライして試行錯誤していくうちに、君の中に、君だけの問題解決の経験値が蓄積されていきます。すると、次の3つのメリットが生まれます。

- 自分一人で解決できることが増えていく
- 解決できないことでも、どんな人に相談すればいいのかわかるようになる
- どういうアプローチで動けばうまく対処できるか、予測できるようになる

君のまわりにいる友達や大人の中で、ストレスに強い人、問題が起きても動じていないように見える人がいるとしたら、彼らは自分なりのしくみを繰り返して経験を積み、「コーピング力」を手に入れていったに違いありません。

君がそれを身につけたら、今度はまわりの人たちに教えてあげられるといいですね。

僕が悩み相談で積極的にアドバイスしない理由

君くらいの歳のころにこうしたしくみを使って、試行錯誤しながら自分の考えや感情を知っていく経験はとても大切です。

なぜなら、それは「自律」の一番のトレーニングになるからです。

悩んで、選択肢を考えて、選ぶ選択肢を自分で決める。これを「自己決定」と言います。

自己決定を繰り返していくことで、自分で考え、判断し、決定し、行動する「自律した人」に成長できるのです。

また、悩みを解決した経験は「トラブルがあっても、こうやったら解決できる」というプラスの行動パターンとしてちゃんと脳に刻み込まれていきます。

だから、たとえトラブルに遭遇しても、**「よし、また自分を成長させるチャンスがやってきた」**と、多少の困難では動じることのないタフさも身につけられるようになっていくのです。

もし、君が誰かに相談される側に立つことがあったら、そのときはすぐにアドバイスするのではなく、これからお話しするやり方で、「相手が自己決定できるようになるサポート」をしてあげてほしいと思います。

僕のいる校長室には、日々多くの生徒がやってきます。

僕との雑談を楽しみにくる生徒もいれば、悩み相談をしにくる生徒もいます。

そのとき僕が心がけているのは、**「自分はこう思うから、きっと相手もそう思っているに違いない」**という思い込みにしばられない、ということ。

人間は、誰もが基本的に個別の存在です。クラスメイトや友達、部活の仲間、大人たちは、当たり前だけど君とは別の人間です。

考えていること、言葉にする内容、許せることと許せないことの境界線、金銭感覚、人づきあいのルール……。どれも人それぞれ違います。

だから僕は、生徒が悩みごとの相談に来たら、基本的にはいつもこんな感覚で話を聴くようにしています。

「なるほど。そういうことか」
「それで、君はどうしたいと思っているの？」

もちろん、「僕はこう考える」とか「君のようには考えないかも」とか「こんなことなら僕にもできるけど、どうかな？」などと自分の考えも伝えますが、生徒が自分自身を全否定したり、自暴自棄な言葉を発したりしないかぎり、基本的に生徒の考えを引き出したいと思っています。

なぜなら、どんな悩みも、本当に解決できるのは自分だけだからです。

解決のための答えのほとんどは、まだ気がついていない自分が持っているものです。

もし、相談した相手の言葉をすべてうのみにして、その通りの方法をやってみたのに失敗してしまったら、それこそ後悔しか残りません。

人は、他人から**「そこが問題だね」**と指摘されると、ますます言われたことを気にしてしまう生き物です。また、相手がよかれと思って言った「そんなこと気にしない方がいいよ」という言葉も、ときにはなぐさめにならないこともあります。

傷ついている人にとっては、**「どうせ、こんなことを気にしている自分が悪いんだ」**と、さらに自分を痛めつけることにもなりかねません。

だから、僕は生徒が話してくれたことに対して、「自分だったらどう感じるか、どう思うか」だけをシンプルに伝えることにしています。

僕が悩み相談に訪れる生徒に一番伝えたいのは、「どんな選択をするかを決めるのは、君自身だよ。答えは君の中にあるんだから」ということ。

結果がよければそれでいいし、悪く出たとしても次回、別の方法を探す材料にすればいいだけです。**なにより大事なのは、「自分自身で決める」こと。**自分で決めて、そこから試行錯誤する経験が、君の最高の財産になります。

もちろん、悩むことは悪いことではないし、よく悩む人が弱い人だということでもありません。むしろ悩むことで、人は大きく成長します。

たまに、同じような状況にあってもまったく悩まないという人もいますが、その人が悩む人に比べて鈍感なわけでも、メンタルがとりわけ強いわけでもありません。ただ、「日々の生活で意識を向けるポイント」が違うだけです。

「同じような立場のはずなのに、友達は悩んでいなくてうらやましい」という生徒がいたら、ときどきこんな質問をします。

「もし、もう一人の君がいまの君を見たら、なんてアドバイスするかな?」

これは先ほどお話しした「メタ認知」です。悩んでいるとき、自分を俯瞰的に見て、次の行動につなげるための問いかけです。

①自分はなにに困っているんだろう？

②自分はどうしたいんだろう？

③その行動で、自分は幸せになれるだろうか？

問題の原因を自分で探り、どういう選択肢があるか考えること。

その中で、次のような気づきが得られるかもしれません。

- 自分のものさしでまわりの人たちを測って、一人で勝手に落ち込んでいるだけかもしれない
- まわりの人をがっかりさせたくないために、ムリをしているのかもしれない
- ほかの人にも自分と同じように感じてほしいと望むのは、わがままなのかもしれない
- 自分で勝手に描いた理想が、プレッシャーになっているのかもしれない

そういう気づきが得られると、この先、自分がとるべき行動も見えてきます。

「まわりに見返りを期待するのは疲れるから、もうやめる」
「仲間の顔色を見るつきあいはしんどいから、一人の時間を増やしてみる」
「相手に勝手に期待する前に、相手自身がどう思っているか聞くようにする」

そしてどんな答えが出たとしても、まずは一度、それを実行してみましょう。

自分で決めて、「やってみる」こと。自己決定の発展形です。

人は自己決定を繰り返すことで、自分の出した答えに自信が持てるようになります。その結果、人間関係について言えば、だんだんと自分が心地よくいられる距離感や環境がわかるようになっていくのです。

「人は人、自分は自分」と割り切るのも、「それでも、まわりの人から認められる自分でいたい」と思うのも、君の自由です。

決めた自分を認めながら、堂々と歩んでいけばいいのです。

実際の人間関係の中で自分をうまく表現していくには、いろいろな経験が必要になってきます。人とのかかわり方やつきあい方もまた、自分なりに作ったしくみを繰り返し、そして作り直し、経験を積んでいくことでうまくなっていくのです。

ですから、どんな悩みも「新たななりたい自分」に近づいていく材料の一つになります。

完ぺきなものでなくていいんです。自分を変化させるしくみを考え、自己決定と試行錯誤を繰り返していけば、君は自然に成長していきます。

「失敗」を人に取られるな！

自己決定には、失敗がつきものです。

でも、失敗をこわがる必要はありません。

君に肩の力を抜いてもらうために、失敗が与えてくれるポジティブな効果について、二人のカッコいい大人の言葉を紹介しますね。

一人めは、ロボットクリエイターの高橋智隆さん。

パナソニックの代表的な乾電池「EVOLTA（エボルタ）」、モバイル型ロボット電話「ロボホン」などの開発者です。僕は以前、東京大学先端科学技術研究センターにある彼の研究室を、生徒たちと一緒に訪問させてもらったことがあります。

そのとき高橋さんは、**「失敗は自分だけのもの。なににも代えられない大切なものです」**と、教えてくれました。

通常、こうしたロボットはチームで開発するのが一般的ですが、高橋さんは違います。なにからなにまで、基本的に一人で行うのです。ですから、広い研究室にはいつも高橋さん一人しかいません。

彼は毎回、一人でロボットのすべてを設計します。頭脳であるプログラムも、腕や脚といったボディも、複雑な関節のしくみも、とにかくすべての部品をつくり、みずから組み立てて一号機を完成させました。

完成させた一号機を協力関係にある製造会社に見本として持ち込み、量産してもらっています。こうした工程でロボットを世に送り出しているロボットクリエイターは、少数派です。

僕は彼に、**「なぜチームで作るのではなく、一人で作るんですか？ 大変じゃありません**

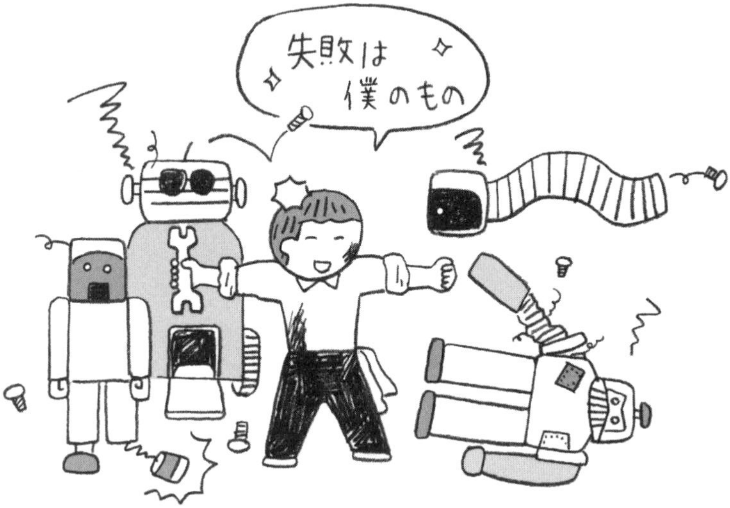

か?」と聞きました。

するとと、彼は笑顔でこう答えてくれました。

「自分の失敗を、人に取られたくないんです」と。

「失敗には、すべての学びがあります。学びがあるから、次のロボットにつながる。次のロボットの開発でもたくさんの失敗があるから、またその次のロボットのアイデアが出てくるわけです。一人でつくっていると数多くの失敗からの学びが、すべて自分のものになる。一部分でも誰かにつくってもらったら、そこでの学びは自分のものにならない。だから、僕は失敗を人に渡したくないんです」

僕は、心の底から「なるほどなぁ」と思いました。

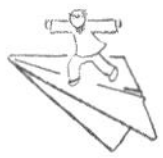

「夢は必ず叶う」なんてウソッパチ

人が大きく成長するには、失敗や挫折が欠かせません。うまくいった経験しかない人は、実際、打たれ弱いものです。

小さな失敗も大きな失敗も、必ず君の糧になります。

チャレンジしなければ失敗もしませんが、それではなにも得ることはできません。「失敗から学べるんだ」ということを一度でも経験で実感することさえできれば、次の行動の勇気につながります。

そこから先は、試行錯誤を繰り返せばいい。

うまくいくこともあれば、うまくいかないこともある。その全部の経験が、君を成長させていくエネルギーに変わります。

失敗は、「挑戦し続けられる自分」になるために欠かせない栄養素なのです。

二人めは、ドラマ化された小説『下町ロケット』のモデルになったと言われる、北海道の赤平市にある株式会社植松電機の社長を務める植松努さん。

植松さんには、僕が校長を務める横浜創英中学・高等学校で「サイエンスコース」という探究型授業を手伝ってもらっています。

僕と生徒たちは、植松さんからこれまで本当にたくさんの刺激を受ける言葉をもらっていますが、なかでも僕が気に入っているのは、夢についての考え方です。

「僕は、『夢は叶う』なんて言わない。でも、『夢は叶わない』とも思っていない。思うは招く。夢は、夢を持って挑戦しないと叶わない。失敗したら、違うやり方はないかな？だったらこうしてみたら？と努力して行動し続ければ、叶います。それでもなかなか叶わない夢は、一人ではできない夢です。だからこそ、思いを伝え、人を信じて頼ることも大事なんです」

一方、植松さんは「失敗しない人が実践している行動」として、皮肉っぽく次の3つをあげています。

① なにもしない
② できることしかやらない
③ 言われたことしかやらない

言われたことしかやらない人は、たとえうまくいかなくても、人のせいにすればすみます。しかし、これでは成長できるわけがないし、頼られる人にもなれませんね。
高橋さんや植松さんの生き方を見ていると、あらためて**「失敗って、とても価値のあることなんだ」**と感じます。

失敗から得られた知識は、人に渡したくないと思うほど大切なもの。
失敗したら、「だったら、**次はこうしてみよう**」と考える。
人の失敗を見てあれこれ批評するのではなく、自分で決めて挑戦して、自分で失敗することで得られるものには、お金では測れない価値があります。
もちろん、精一杯努力できたとしても成功するとはかぎりません。でも事実、努力する

人にしか、チャンスはやってこないのです。

ここまで読んでみて、君が「自分は、自分のことを自分で決めていないかもしれない」と感じたなら、ぜひ小さなこと、身近なことから自己決定する努力を始めてみてください。

もし君が毎朝親に起こしてもらっているのなら、「明日からは自分で起きる」と決めるだけでもいい。

それを繰り返すうちに、人は必ず変われます。

自分で決めて自分で行動できる「自律した人」に成長していくのです。

大切なのは、たった一度、二度、三度の失敗でやめてしまわないこと。

失敗するたびに「自分で決めて行動できた」と自分を認め、行動の回数を増やしていきましょう。その繰り返しによって、君は自分の人生を自分でコントロールできる人になっていきます。

そうなれば、思い描いた「なりたい自分」はもうすぐそこにいるはずです。

第1章では、「どうすれば、自分の望む未来に向けて自分を変えていくことができるか」について考えてきました。

変わるために欠かせないのは自分で決めて行動することですが、僕たちはがんばろうと思っても、なかなかがんばり切れない生き物です。

でも、ここまで読んだ君はネガティブな気持ちになったとき、壁が立ちはだかったとき、失敗してしまったときに復活できるしくみを学んだはずです。あとは自分なりのやり方で行動を開始すればいい。

第2章では、これから君が深くかかわっていくことになる「社会」について哲学していきましょう。

第2章

社会

社会はつくられるものではなく、
つくるもの。
その力は君たち一人ひとりが
持っている

君は、国や社会を変える人になれる

2019年の冬、僕はあるデータを目にして大きな衝撃を受けました。

日本財団がアジアや欧米の世界9か国で17〜19歳の各1000人を対象に「国や社会に対する意識」を調査し、2019年11月に発表した「18歳意識調査」です。日本の若者たちの回答だけが突出して低い数字になっていることに、とてもショックを受けたのです。

・「自分を大人だと思う」…29・1％

・「自分で国や社会を変えられると思う」…18・3％

・「社会課題について、家族や友人などまわりの人と積極的に議論している」…27・2％

そのほかの調査結果は表の通りですが、いずれの項目も、他国に比べて日本の調査結果だけがいちじるしく低い数値でした（2022年3月に新たな調査結果が発表されましたが、残念ながら前回とほぼ同じ結果でした）。

データを見るかぎり、あまりに幼い日本の子どもたちの姿ですが、この結果は、僕たち大人の姿も、そして日本社会そのものも示しているのだと僕には思えるのです。

若者の「国や社会に対する意識」(2019)

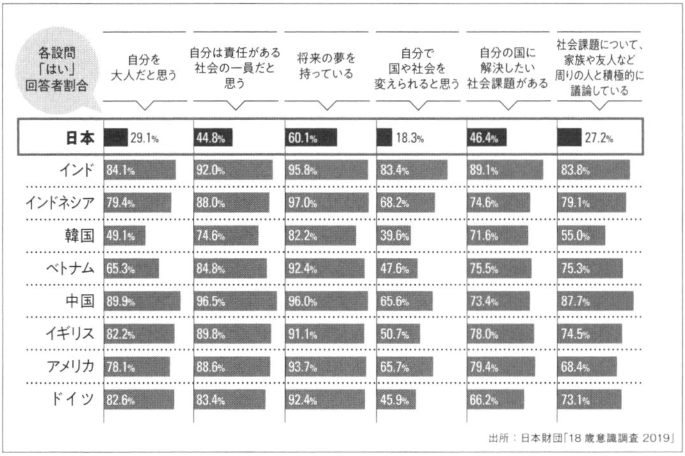
各設問「はい」回答者割合
自分を大人だと思う
自分は責任がある社会の一員だと思う
将来の夢を持っている
自分で国や社会を変えられると思う
自分の国に解決したい社会課題がある
社会課題について、家族や友人など周りの人と積極的に議論している
日本 29.1% 44.8% 60.1% 18.3% 46.4% 27.2%
インド 84.1% 92.0% 95.8% 83.4% 89.1% 83.8%
インドネシア 79.4% 88.0% 97.0% 68.2% 74.6% 79.1%
韓国 49.1% 74.6% 82.2% 39.6% 71.6% 55.0%
ベトナム 65.3% 84.8% 92.4% 47.6% 75.5% 75.3%
中国 89.9% 96.5% 96.0% 65.6% 73.4% 87.7%
イギリス 82.2% 89.8% 91.1% 50.7% 78.0% 74.5%
アメリカ 78.1% 88.6% 93.7% 65.7% 79.4% 68.4%
ドイツ 82.6% 83.4% 92.4% 45.9% 66.2% 73.1%

出所：日本財団「18歳意識調査 2019」

若者の「国や社会に対する意識」(2022)

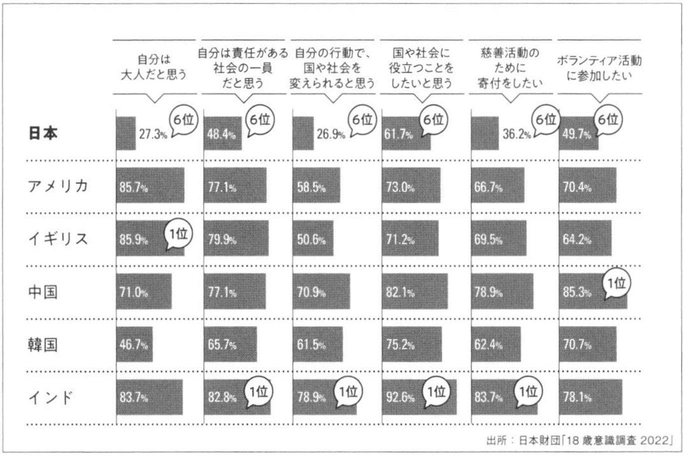
自分は大人だと思う
自分は責任がある社会の一員だと思う
自分の行動で、国や社会を変えられると思う
国や社会に役立つことをしたいと思う
慈善活動のために寄付をしたい
ボランティア活動に参加したい
日本 27.3% 6位 48.4% 6位 26.9% 6位 61.7% 6位 36.2% 6位 49.7% 6位
アメリカ 85.7% 77.1% 58.5% 73.0% 66.7% 70.4%
イギリス 85.9% 1位 79.9% 50.6% 71.2% 69.5% 64.2%
中国 71.0% 77.1% 70.9% 82.1% 78.9% 85.3% 1位
韓国 46.7% 65.7% 61.5% 75.2% 62.4% 70.7%
インド 83.7% 82.8% 1位 78.9% 1位 92.6% 1位 83.7% 1位 78.1%

出所：日本財団「18歳意識調査 2022」

「〇〇のせい」がログセになっていたら要注意

日本では、国民の政治に対する関心が低いことがたびたび問題として取り上げられますが、選挙の投票率はますます下がるばかりです。

その一方、テレビやインターネットでは政治に対する批判の山。政治家でさえ、与党も野党も批判合戦をくり返しているありさまです。

もう3年以上も続く新型コロナウイルスへの対応も、私たち大人は常に「受け身」だったのかもしれません。自分の頭で考えず、国や自治体ばかりに要求を突きつけ、都合のよい外国と比較しては、マスコミも含め批判ばかりしていたように感じます。

日本はなぜ、このような「ものごとを人のせいにする社会」になってしまったのでしょうか。

原因はいろいろ考えられますが、一言に集約すれば、「みんながあまりにもサービスを

受けることに慣れすぎてしまったから」だと僕は考えます。

日々、さまざまな場所で受けられる日本のサービスは、とても快適です。一人ひとりをお客様として扱ってくれます。

それは、もちろん悪いことじゃありません。ただ、人間はサービスを与えられ続けると、次第にそのサービスに慣れていく生き物です。そして、より良いサービス、より高いレベルの「おもてなし」を求めるようになっていくのです。

同じことが、教育の現場でも起きています。

- **幼少期から親が手取り足取り教え、壁にぶつかれば手を差しのべる**
- **早期教育など、いいサービスを少しでも早く受けさせれば子どもの学力が上がると勘違いしている**

与えられることに慣れた子どもは、大人から手をかけられればかけられるほど、大切なものを失っていきます。

それは、「自律」です。そう、自分で考えて行動する力です。

自律を失った人には、ある特徴が見られます。なにかうまくいかないことがあると、必ず人や環境のせいにするのです。

- 勉強がわからないのは「先生の教え方が悪い」「塾が悪い」から
- クラスがうまくいかないのは「担任の先生がハズレ」だから
- 毎日が楽しくないのは「学校がつまらない」「親が嫌い」「友達がイヤ」だから

君は、どうですか？

人はサービスにあまりにも慣れすぎると、自分勝手に理想をつくり、その理想と現実を比べて、だんだん不満だらけになっていくものです。

そうなったとき、僕たちに欠けてしまっている大切なものがあります。

それは「当事者意識」です。君にとって、初めて耳にする言葉かもしれませんね。

当事者意識を言いかえると、問題やテーマに対して「自分が解決する／自分が行動する」

という「自分ごと意識」のこと。

自分が生活しているクラスも学校も、そして社会も、本来は誰もがそれらをつくっている当事者です。

ところが残念なことに、その規模が大きくなればなるほど、当事者意識は弱まってしまいます。クラス全体が5人しかいないのと30人いるのとでは、クラスに対する意識の持ち方は違ってきますよね。それと同じことです。

いまの日本社会の最大の問題は、「当事者意識が欠けてしまったこと」に多くの人々が気づいていないことかもしれません。

悩んでいる人みんなが元気になれる「魔法の問いかけ」

当事者意識を持ち続けられる社会をつくるには、どうしたらいいのでしょう。

僕が以前校長を務めていた、東京都千代田区立麹町中学校でトライしてみたことを例に紹介します。

麹町中学校は、国会議事堂の近くという場所柄もあって、とても優秀な生徒が集まる学校というイメージを持たれています。

実際、僕が校長として赴任した当時の麹町中にも、幼いころから期待され、習いごとや体験活動、そして学習塾などで手厚いサポートを受けながら育ってきた子どもたちがいました。

当然のように私立中学を受験したわけですから、公立の麹町中学に入学してくるということは、ほとんどが受験に失敗したということです。そんな新入生の中には、主体性も自信もなくしている子どもたちがたくさんいます。

わずか12歳の子が**「自分なんかダメですよ……」**なんて言うんです。強い劣等感を抱え、勉強へのやる気も見られず、親も先生も信用できなくなっている生徒もいます。

「大人なんて、どうせ」がその子たちの口グセです。

反発心からなのか、問題行動を起こす生徒たちもいます。

授業中も平気で歩きまわり、みんなの邪魔をします。友達に嫌がらせをします。

ケンカだってしょっちゅうで、学校施設や備品などの破壊行為もめずらしくありませんでした。

そこで僕たち教員は「子どもたちが主体性を取り戻すためのリハビリ」が必要だと考え、その結果「生徒に押しつけのサービスをしない」ことを決めたのです。

まず3年間、入学から卒業まで「勉強しなさい」という声かけを一切しないことにしました。

たとえ授業中に小説やマンガを読んでいる生徒がいても、**「君には勉強しない自由がある。でも、勉強したい人の邪魔をする自由はないよ」**という最低限のルールを伝えながら、生徒の主体性を尊重する環境をつくっていきました。

しかし、こうした働きかけだけでは、主体性を失った子どもたちのリハビリはなかなか進みませんでした。そこで僕たちが考え出したのが、**「生徒自身の自己決定をうながす言葉がけ」**です。

僕たちは次の「3つの言葉がけ」を、あらゆる場面で根気強く行っていきました。

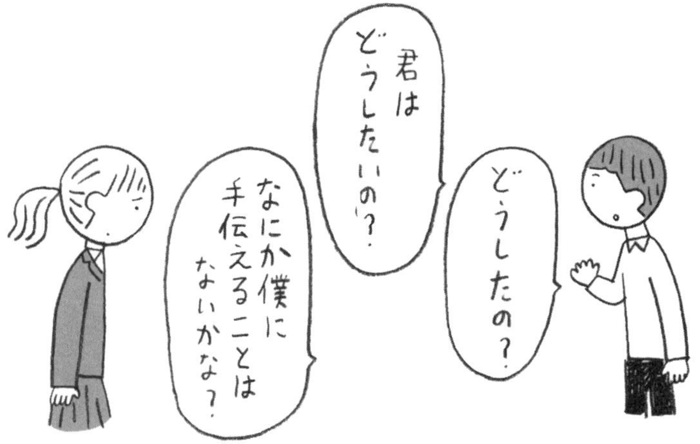

①どうしたの？
②これからどうしたい？
③なにか手伝えることはある？

たとえば、授業中に騒いで授業の邪魔をする生徒がいたら、「どうしたの？」「なにか困っているの？」と、現状を把握するための問いかけをします。

小学校時代、同じように授業中に騒いで頭ごなしに叱られていた生徒たちは、まず「どうしたの？」と理由を聞かれたことに驚きます。

「怒るんじゃなく、理由を聞くの？」と。

そして、生徒は「君はこれからどうしたい？」と問いかけられます。

親や先生からはこのような問いかけをされたことがまずないので、ほとんどの生徒は面くらいます。

とはいえ、そこでなかなか答えが出てくるものではありません。せいぜい「別に……」とぶっきらぼうに答えるのが精一杯です。

そんなときは、助け船となる選択肢を示してあげるようにしています。

「そうだなあ。別室を用意してあげることくらいはできるけど」
「だから、君はどちらかを選べるよ。いまから残りの時間を我慢して授業を聞くこともできるし、僕の用意した別室ですごすこともできるけど、どうする?」

などと声をかけます。

すると「じゃあ別室に行かせてください」などと言うので、そこでさらに「別室に行くのは1時間でいいかい?」と投げかけ、また生徒に考えさせ、自己決定をうながすのです。

はじめはこんな小さな自己決定ですが、不思議なもので、小さな自己決定を繰り返していると、人は必ず元気になっていくのです。

- どうしたの？
- これからどうしたい？
- なにか手伝えることはある？

この3つの言葉がけは、人が元気を取り戻すための「魔法の言葉がけ」です。

この本を読んでいる君も、悩んでいる友達や兄弟姉妹がいたら、こんなふうに声をかけてあげるといいと思います。

叱らなくても困った行動がなくなる超・効果的な方法

いまの言葉がけとは別に、問題を抱えた生徒たちに当事者意識を持ってもらうための方法として、僕が長年実践してきた「魔法の言葉がけ第2弾」があります。

それは、30代のころの僕が、生徒たちとのかかわりの中で自分なりに編みだしたものです。僕はそれを「**タイムマシン・クエスチョン**」と呼んでいます。

心理学者の黒沢幸子さんが書いた『タイムマシン心理療法 未来・解決志向のブリーフセラピー』（日本評論社）という、すばらしい本があります。
そこで紹介されている「タイムマシン・クエスチョン」という手法が、あまりにも僕の問いかけ方と似ていたので、その本に敬意を表して勝手にそう呼ばせてもらっています。
その手法を君にも紹介しましょう。もしかすると、僕が紹介する方法は黒沢さんが紹介する方法とは厳密には異なっているかもしれません。心理学に興味のある方は、ぜひ黒沢さんの本を読んでみてください。

たとえば、なにかにムカついて、トイレのドアを蹴って壊してしまった男子生徒がいるとしましょう。
まず、その生徒に「時間を超えて、未来を想像してもらう」のです。

「ところで、20歳になったころの君は、どんなことをしていると思う？ 大学生？ 働いている？」

などと問いかけながら、自由に想像をめぐらせてもらうのです。すると、だんだん「彼女がいる」「バイトしてる」「一人暮らししてる」などと、いろいろ答えてくれるようになります。

ポイントはここからです。

僕は「じゃあ、20歳の君は、いまみたいな行動（トイレのドアを蹴って壊す）をしていると思う？」と問いかけます。

生徒は、まさか！といった顔で「もちろんしてないよ」と言うので、

「そりゃそうだよね。それはなぜ？」

すると、ほとんどの生徒は「カッコ悪いから」など、本当の理由を教えてくれるわ

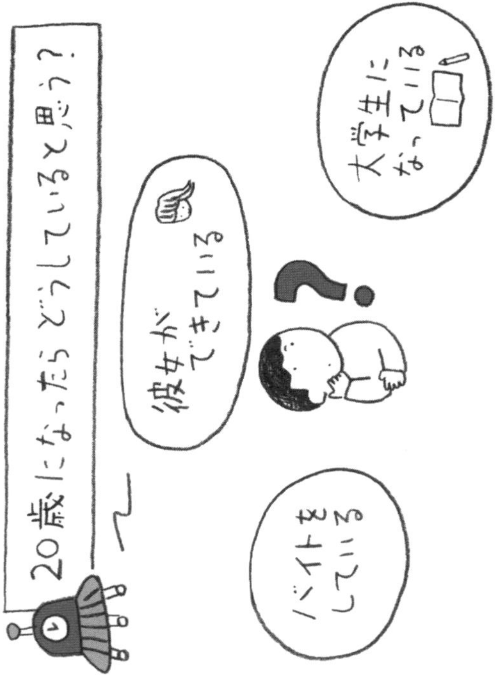

20歳になったらどうしていると思う？
大学生になっている
彼女ができている
バイトをしている

けです。そこで、
「そうかあ（笑）。じゃあ、いまのような行動はいつごろやめたのかな？ 高校のころ？」
とさらに問いかけます。続けて、
「誰かが『やめろよ』と言ったって、やめられるわけじゃないよね」と付け加えます。
こう言われた生徒はしばらく考え込んだのち、こう答えます。
「明日……今日かな」と。

なぜ、この生徒が行動を止める方向に気持ちが動いたのだと思いますか？

それは「自分の行動を決めるのは自分自身だ」と気づいたから。つまり、自分の行動の責任を担っているのは自分しかいない、という「当事者意識」を持つことができたからです。

君はもう、立派な「社会人」なんだよ

君も、先生や親から「社会は厳しいよ」とか「社会人になったら、もっと大変なんだよ」と言われたことがあると思います。

いまの君は**「中学を出て高校、大学と出て、その先にあるのが社会」**と、社会そのものをどこか遠くの世界にあるもののように感じているかもしれません。

でも、社会って、かんたんに言えば「大勢の人間の集まり」のこと。

人数が多くても少なくても、複数の人間が集まっていたら、それは一つの社会です。

だから、君の住んでいる地域で起きることも、毎日通っている学校での生活も、社会そのもの。考えてみると、人間は生まれたときから社会の一員になっているわけです。

ところが、世の中でなにか問題が起きたとき、**「自分には関係ない」「ほかの誰かの**

せいだ」と考えてしまっていませんか。これは冷静に考えると、すごくおかしなことです。

じつはこれ、「世界」というもっとも大きな枠組みの社会で考えたとき、とてつもなくたいへんな問題になってしまいます。

そんなおかしな方向に向かった結果の代表例と言えるのが、環境破壊や食糧危機、エネルギー危機、軍事衝突といった、いま世界中が共通して抱えている問題です。

急に話が大きくなって、君はとまどうかもしれません。でも、こうした大きな問題はテレビやパソコンの向こう側のできごとではなく、社会の当事者である君の暮らしと必ずどこかでつながっています。

君は最近、アイスやポテトチップスの値段が上がったことに気づいていますか?

スーパーやコンビニで売っている商品が高くなるのにも、世界のさまざまな問題が関係しています。

多くの科学者や専門家が「2030年、人類は滅ぶかどうかの岐路に立つ」と言っています。人類が抱えている問題はよりいっそう深刻になっていて、もはや少数の大国の力で解決できるものではなくなっているのです。

２０３０年、君は何歳になっていますか？

環境破壊、食糧危機やエネルギー危機、軍事衝突といった大きな問題は世界中の人たちが当事者意識をもって考えていかなければ、決していい方向には向かいません。

もし、僕たちがこれまで通りのスタンスで経済活動を続けていくのであれば、生まれる対立やジレンマは永遠に解決できないでしょう。

自分の生きている社会をよりよいものに成長させていくためには、そこにいる一人ひとりが「社会の当事者」として成長していかなければいけないのです。

南極の氷の重さと、僕たち人類の命の重さは同じ

ここで一つ、クイズです。

もし南極の氷がすべて解けたら、世界中の水位はどれくらい上がると思いますか？

答えは、なんとおよそ60メートル。

東京やロンドン、ニューヨーク、その他世界中の海沿いの都市のほとんどが水没することになります。

いま、地球温暖化が地球環境に大きな変化をもたらしていると言われています。

2019年、グリーンランドでは1年間で5320億トンの氷が解けたそうです。

数字だけ聞いてもピンとこないと思いますから、その水がすべて東京23区に流れ込んだとしましょう。**なんと、水位は800**

メートル以上にもなるそうです。６３４メートルの東京スカイツリーさえ、余裕で飲み込んでしまうほどの水量だということです。

地球温暖化によって、海面の温度も上昇しています。

近年、台風やハリケーン、サイクロンなどが巨大化し、世界各地で大きな被害をもたらすようになっているのも、それが原因だと言われています。

また、世界各地で起こっている大規模な山火事も温暖化による空気の乾燥が原因の一つにあげられていますが、**２０２０年の１年間で焼失した森林はなんと、日本の国土面積の１・７倍に相当します。**

地球温暖化という問題を一つあげるだけでも、僕たち人類にとっての課題は山積みだということがわかりますよね。

ところが、科学者の中には**「地球温暖化は起きていない」**と、まったく正反対の主張をする人たちもいるんです。

こうした意見の対立、衝突、社会に生じるジレンマは、なにも環境問題や世界情勢にかぎったことじゃありません。

君のクラスで文化祭の出しものを決めるとき、部活の仲間と練習への考え方が食い違ったときなど、身近な場面でも「対立」は起きているはずです。

そう。じつは君が通っている学校という場は、対立を乗り越える方法を学ぶ場所でもあります。

対立を乗り越える方法、それは「対話」です。

対話とは、お互いの考えや言語、バックグラウンドの違いや利害の対立を理解しながら、「感情」と「理性」を分けて「全員がＯＫ」と言える取り組み方を見つけ出すためのやりとりのこと。

世界の80億すべての人が対話のプロセスを学ぶことができれば、社会は１００％確実にいい方向に変わっていくと僕は考えます。

一人ひとりが対話の能力を身につければ、人類はあらゆる対立を解決することができるはずです。

しかし、たとえ解決できても、その間に被害は生まれます。その被害を最小限に食い止められるかどうかは、僕たち一人ひとりの対話への覚悟とトレーニングの量にかかっている。僕はそう考えています。

対立だらけの世界を救う大計画に、君も参加している

そしていま、**世界中で求められているのは、対立やジレンマを解消する力。**つまり、意見の異なる人とも感情的にならずに対話をし、お互いの合意できるポイントを探っていく対話の能力です。

それが、社会の目指す方向性として一つの形にまとまったのが**「ＳＤＧｓ（Sustainable Development Goals：持続可能な開発目標）」**。君も聞いたことがあるでしょう。２０１５年の国連総会で、全会一致で採択された**「我々の世界を変革する持続可能な開発のための２０３０アジェンダ」**です。

賛同したのは、世界１９６か国のうち１６１か国。賛同した国々の間でもそれぞれの立

場の考えがありますから、当然各国の意見はあらゆる分野で衝突します。

それでも地球規模で見たとき、**「このままでは人類は滅びるかもしれない」**というおそれを共有し、世界中の人々が２０３０年までに努力し、実現していこうと合意したのが持続可能な社会を築くために必要な17の目標「ＳＤＧｓ」なんです。

ここで、ＳＤＧｓの前文を紹介します（公益財団法人 日本ユニセフ協会運営サイト「ＳＤＧｓ ＣＬＵＢ」内より抜粋）。

ここに書かれているのは、**「わたしたちはどんな未来を望むのか」**、**「その未来はどうしたらやってくるのか」**を世界中のさまざまな立場の多くの人たちが真剣に考え、対話し、まとめた内容です。

君も、地球という社会に暮らす当事者の一人として、ぜひ読んでみてください。

SDGs前文

この計画（アジェンダ）は、人間と地球、そして繁栄のための行動計画です。

そして、より大きな自由と、平和を追い求めるものでもあります。

わたしたちは、持続可能な世界を築くためには、極度の貧困をふくめ、あらゆる形の、そして、あらゆる面の貧困をなくすことが一番大きな、解決しなければならない課題であると、みとめます。

すべての国と人びとが協力しあってこの計画を実行します。

わたしたちは、人びとを貧困や欠乏からときはなち、地球を守ることを決意します。

わたしたちは、持続可能で、強くしなやかな世界に向かう道を歩んでいくために、今すぐ大胆で変化をもたらす行動を起こすことを決意します。

ともに持続可能な世界へ向かうこの旅をはじめるにあたり、だれひとり取り残さないことを誓います。

わたしたちが発表する17の目標と169のターゲットは、このアジェンダがどれだけ広く高い目標をかかげているかを表しています。

これらの目標やターゲットは、ミレニアム開発目標をもとにし、達成できなかった目標をすべて達成することを目指しています。

すべての人の人権を実現し、ジェンダーの平等、そして女性や女の子の能力を引き出すことを目指します。

これらの目標とターゲットは互いにつながり分けられないものであり、持続可能な開発の３つの側面、つまり、「経済」と「社会」と「環境」のバランスを保つものです。

これらの目標とターゲットは、人類と地球にとってとても大事な分野の、２０３０年までの行動を進めるものになるでしょう。

人間を守る

わたしたちは、あらゆる形の貧困と飢餓を終わらせ、すべての人が、尊厳や平等が守られ健康な生活を送るなかで、持って生まれた能力を発揮できるようにすることを決意します。

地球を守る

わたしたちは、地球が、現在の、そして将来の世代が必要とするものを支え続けられるように、持続可能な消費や生産、天然資源の管理、気候変動に対する緊急の行動などを通じて、地球を破壊から守ることを決意します。

繁栄を実現する

わたしたちは、すべての人が豊かで満たされた生活ができるようにし、自然と調和した形で経済や社会、技術を進歩させていくことを決意します。

平和を実現する

わたしたちは、恐怖や暴力のない、平和で公正な、誰もが受け入れられる社会をつくっていくことを決意します。平和がなければ持続可能な開発はなく、持続可能な開発がなければ平和もありえないのです。

パートナーシップで実現する

わたしたちは、地球全体で協力し合うという考えにもとづいて、もっとも貧しく、もっとも弱い立場に置かれた人びとが何を必要としているかに注目し、すべての国と人が参加しながら、世界的なパートナーシップを通じて、このアジェンダを実現するために必要なすべての手段を取ることを決意します。

持続可能な開発目標のそれぞれの目標が、お互いにつながり、関連していることは、このアジェンダの目的を実現するうえでとても重要です。
わたしたちが、このアジェンダにかかげた高い目標のすべてを実現することができれば、すべての人の生活が大きく改善され、より良い世界へと変わっていくでしょう。

戦争へのリアルな危機感が、SDGsを生んだ

粘り強い対話で最上位の目標（もっとも優先順位の高い目標）への「OK」を共有することの大切さを示してくれているのが、君も知っているEU(European Union・欧州連合)です。

もし、いま君の手元に世界史の教科書や世界地図があったら、ヨーロッパの地図を眺めてみてください。四方を海で囲まれている日本と違い、ユーラシア大陸にあるヨーロッパ各国は地続きでつながっています。
ヨーロッパの歴史は、戦争の連続でした。

紀元前から無数の戦いがあり、中世からルネサンス期には、十字軍やレコンキスタ（国土回復運動）などの反イスラム戦争、14世紀から15世紀は英仏百年戦争、その後にイギリスでバラ戦争が起き、17世紀はドイツの三十年戦争……。

こうした長く大きな戦いだけでなく、宗教改革に伴う局地的な紛争、農民の反乱は数えきれないほど起きています。

そして、近現代でも、第一次世界大戦、第二次世界大戦はそれぞれおもにヨーロッパが戦場となりました。**特に、第二次世界大戦では世界全体で餓死や病気で亡くなった人も含め5000万人以上、統計によっては8000万人以上の犠牲者が出ました。**科学技術の進歩は人々の暮らしを豊かにした一方、新たな兵器も生み出しました。その中でもっとも知られているのが、原子爆弾（原爆）です。

第二次世界大戦の末期には広島と長崎で原子爆弾が使用され、両都市合わせ約21万人（推計）の犠牲者が出ました。科学の進歩とともに作り出される殺戮兵器への恐怖は、人々の心に強く焼きついたのです。

こういった悲劇により、戦争を繰り返してきたヨーロッパの人たちもさすがに『戦争

は二度としてはいけない』ということを互いの国で合意する必要がある」と、強く感じるようになりました。そこで、ヨーロッパの人たちは国どうしの対話を始めます。

それが実を結んだのが、1993年に発効したマーストリヒト条約（欧州連合条約）です。

こうして発足した国家共同体であるEUの現在の加盟国は、フランス、ドイツなどを筆頭に全27か国（2020年1月31日にイギリスがEUを離脱したため）。

おもに経済分野において共同体内の統合を進め、1999年には通貨統合が決定。「ユーロ」の導入が実現しました。

ところで、国と国が争う戦争の一番の原因ってなにか、わかりますか？

ざっくり言うと、それは貿易問題。つまり「お金の取り分」の問題です。

ヨーロッパの人たちは、これを取り去るために「関税をゼロにしよう」「国境をなくそう」「人の移動を自由にしよう」「通貨を統合しよう」「移民、難民を積極的に受け入れよう」などと話し合っていきました。

それぞれの国が他国と張り合い、強い国になって権力を手にしようとする……その考えでは、戦争は永久に終わりません。人々の命が失われ、建物が倒壊し、残るのは憎しみだけ。ヨーロッパの人たちは、そんな戦争をイヤというほど繰り返してきたわけです。

その歴史の中で苦しみ続けてきた彼らがやっと見つけた解決策が、EUという「平和を維持するためのしくみ」だったのです。

もちろんアメリカや中国、ロシアといった大国との対等な関係を作る目的もありますが、自分の国だけが勝ってもいいことはありません。

だからどんな国も、どんな人も決して置き去りにしない社会。それを目指していかないと、みんなが幸せになれない、戦争もなくならない。かぎりある資源やエネルギーを武力で奪い合うのは、いい加減やめにしよう。

その考えに到達できたヨーロッパの人たちは、本当にすごいと思います。

島国の日本と違い、陸続きのヨーロッパで、悲惨な戦争によって多くの人命が失われてきた歴史があったからこそ、文化も言葉も超えて手を取り合い、EUを作ることができた。だからこそ、彼らは「対話して合意すること」の大切さを身をもって知っています。

「もう二度と戦争を起こさない」という最上位の目標が悲惨な体験をベースに共有されていたからこそ、数々のむずかしいテーマについて根気強く議論することができたのです。

たとえば、関税をゼロにしようとすれば当然、自国の生産者から批判が起こります。なぜなら、他国からもっと安い品物が入ってくれば、自国の生産物を買う消費者が減るからです。

一般にこうした場合、国は輸入品に関税をかけます。日本でも、外国製品や農作物にはその分高い税金をかけています。関税をゼロにすることは、国内の人々にとって大きなリスクになるのです。

それでもそれを認められるのは、「もう二度と戦争をしないために必要なこと」という強い自覚が国民一人ひとりに共有されているからに違いありません。

対話によってEUがつくられたのは、本当に奇跡的なできごとです。

日本も「社会にとって、本当にいちばん大切な目標はなんだろう?」という議論を、いろんな立場の人たちができる国に変わっていかなければいけないのです。

対立を解消するために、絶対に覚えておくべき2つのポイント

繰り返しになりますが、僕は、すべての人が「対話のプロセス」を学ぶことができれば、社会は確実にいい方向に変わっていくと考えています。

たとえば、「国民が困窮しているので、国民の生活をもっと豊かにするために森林を切り開いて畑を増やしたい」という川の上流に位置するA国と、「森林伐採は(山が雨を吸収しきれなくなって)洪水の原因になるから、やめてほしい」という同じ川の下流に位置するB国があったとしましょう。

ひと口に**「森林伐採はダメ」**と言うのはかんたんですよね。でも、A国が畑を増やせなければ、国民は飢えてしまいます。しかし、A国が森林伐採をやめなければ、やがてB国に犠牲者が出ます。

ですから、AとBそれぞれの国には、自分の国の正しさを主張する権利があります。当然、その主張はぶつかり合うので、対立が生まれます。この対立を解消するには、一筋縄じゃいきません。

でも、どちらの国も**「自国民に幸せであってほしい」**と考えているのは同じ。だから、**「このままだと地球がもたない。そのために持続可能な社会が必要」**という最上位の目標については、合意できるはずです。

まずは、最上位の目標を決める。すると、「お互いにゆずり合えるポイント」を探っていく対話が可能になります。

じつはこうした対立と対話の構図は、国どうしでも、個人どうしでも、君の学校のクラスメイトどうしでも、基本的には同じ。それぞれに主張があればあるほど、対立も生じやすくなります。

そんなとき、どうやって対話を進めていけばいいのでしょうか。

対話を進めていくために大切なポイントは、2つあります。

一つめは、「対立が生まれたとき、感情を優先させない」こと。

たとえば、友達どうしの関係でトラブルが起きたとしましょう。

お金の貸し借りをした、ウソをついた、約束を破った……など、そんなことが起きてしまうと、どうしても「あいつだけは許せない」「あの子の顔も見たくない」といった怒りの感情が芽生えます。

でも、怒りの感情は対話を妨げますから、そのままではものごとは絶対に解決しません。

先ほども話したように、対立が起きたら、「感情」と「理性」を切り分けて対話のきっかけを探していくこと。ここでも第1章でお話しした、ものごとを俯瞰的に見る「メタ認知」が力を発揮します。

2つめのポイントは、「上位の目標（優先順位の高い目標）を忘れない」こと。

さっきの例で言えば、「持続可能な社会をつくる」、友達どうしのトラブルであれば「困った状態から抜け出す」「イヤな気持ちを手放す」などになるでしょう。

感情と理性を上手に切り離し、お互いが「OK」と言える上位の目標に向かっていくための意見を粘り強く交わしていくこと。これが、対立を解決する対話の基本的な流れです。

学校はイライラをコントロールするトレーニングに最適の場所

僕は始業式などで全校生徒を前に話すとき、いつも「なにか相談ごとがあっても、なにもなくても、いつでも話を聞くから気軽に校長室においで」と伝えています。

めったにないことですが、いつだったか生徒たちの間でトラブルが起き、ガヤガヤともめながら、何人かが一緒に校長室に入ってくることがありました。

このとき、僕がいちばんに心がけたのは、「生徒たちを感情的な対立から切り離してあげること」でした。

こんな感じです。入ってきたのは、中学1年生の男子生徒4人。3対1に分かれて、僕に話を聞いてほしいと言うのです。

まずは3人が一人の男子生徒について、どれだけイヤなヤツかを話して聞かせてくれました。言われている一人もだまっていません。なぜ、自分が3人から「ムカつく」と思われるようなことをしたのかを説明します。

そして、その説明を聞いた3人のうちの一人が「そんなの自分勝手だ」と言い、言い合いはやがてののしり合いへエスカレートしていきます。

僕は「わかった。ちょっと待って。僕から一人ずつ、一つだけ質問するね」と言って、こう切り出しました。

「君たちは中学1年生だね。うちの学校は中高一貫校だから、あと5年間はここに通うわ

けだよね。このいがみ合いをこれから高校を卒業するまで、5年以上も続けるの？それだけどう思うか、答えてみて」

そう、先ほどの「タイムマシン・クエスチョン」ですね。

ここでも、未来の自分を思い描いてもらうのです。すると、自分を客観的に見て、感情を切り離して考えられるようになります。

全員が「それはイヤだ」と答えてくれました。

「じゃあ、『このままいがみ合って過ごしたくない』ということは全員一致したわけだ」

これで、4人に共通する「上位の目標」ができたわけです。

「そこは一致したけど、いまも君たちは言い合いをしているね。でも、これを止めるのは僕の役割じゃないよ。僕が『やめよう』と言っても、きっと納得できないだろうからね。どうしたら、『明日からいがみ合わない』というゴールにたどり着けると思う？僕は答えを持っていないから、君たちで話し合ってみて」

そして僕は「明日もいがみ合いが続いていたら、またおいで」と、彼らを送り出しました。その後、この問題は彼らだけで解決できたと聞いています。

感情を切り離して、理性だけで話し合えるようになるには「トレーニング」が必要です。そして、学校にはそのトレーニングに最適な環境が揃っています。

「明日からはいがみ合いたくない」という上位の目標について、4人が本当に納得できれば、取るべき行動はおのずと決まってきます。君の年齢からリアルな対人関係のトラブルの中で対話の流れを学んでいくのは、とても大切なことです。

だから、対立をこわがる必要なんてこれっぽっちもないのです。

「対立は、みんなのイライラを引き起こす」と知っておくだけで全然違う

子どもたちはトラブルが起きたり、意見が対立したりすると、大人よりもストレートに感情をむき出しにします。

一方、大人はある程度感情を抑える技術を持っています。ただ、それでもお互いの立場、考え方、利害の差が原因となって、理性よりも感情が先走ってしまうことがあります。
つまり、「対立が起きると人間はイライラする生き物」なんです。

ここで、大切なことがあります。

まず「対立が起きると人はイライラする生き物なんだ」と知っておくこと。
そして、「感情の対立になると、ものごとはいい方向に向かわない」「感情の対立と考え方の対立は別もの」という事実を、リアルな経験を通して知っていくことです。

僕の経験上、それらを理解することで、15歳くらいの子が一気に成長していくことをよく知っています。
中学1年のときはお互いの感情に振り回されていた生徒も、何度か対話の経験を積むうちに、話の流れで「イライラする自分」「イライラする相手」を予測できるようになります。
それができるようになると、相手の意見に対して感情の対立に向かわないよう、少しず

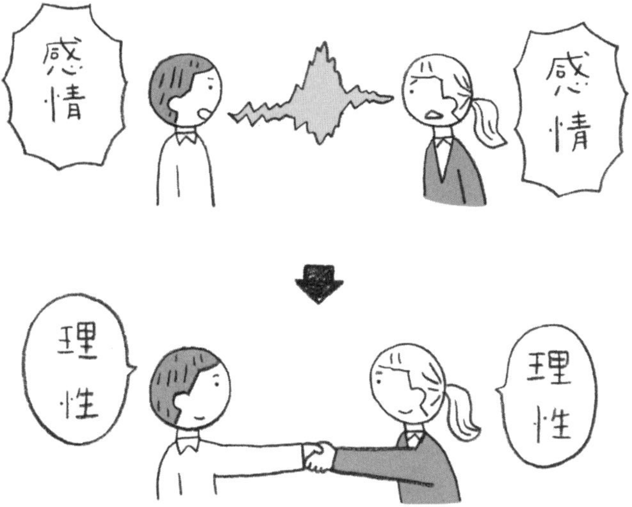

つ適切な言葉を選べるようになっていきます。

3年生になるころには、対立が起きても自分の感情を上手にコントロールして、**「相手の意見をいったん受け入れて、対話をしながらより上位の目標で合意できる関係性をつくっていくこと」**ができるようになっているのです。

子どもたちは対話で対立を解決する経験を通じて、自分自身をさらに知っていきます。

どんなときに自分がイライラするのかを知り、そのイライラをどうコントロールしたらいいのかを学び、「言葉選びの大切さ」

に気づきます。

相手の感情をムダに刺激しないためには、人の気持ちを逆なでしない言葉を使うことが大切。相手の意見に対して「いったん受け入れましたよ」と意思表示することを覚えていきます。

そのうえで「でも、考えの対立は残っているから、そこを話し合っていこう」と感情を切り離すこともできるようになります。

つまり、理性で目標に向かう方法を対話で見つけられるようになるのです。

世界の平和に貢献できることは、意外と身近なところにあった

自分を知り、相手を知ること。そして人間を知ること。

そのうえで、「全員がＯＫ」になる最上位の目標に向けてどう行動していくかの対話を続けること。その繰り返しが、さまざまなトラブルを解決してくれます。それは友達どうしの言い合いでも、国どうしのもめごとでも変わりません。

そうです。対話のスキルを磨くことは、大げさじゃなく「世界平和」につながっていく

のです。

日頃、世界平和を唱えている人間が身近な人と感情むき出しで戦っているとしたら、それは矛盾していると僕には思えます。

話を戻すと、いま人類は社会がこのまま続いていけるのか、そうではないのか、対話を通じて文字通りがけっぷちの挑戦をしています。多くの専門家は、「2030年が一つの分かれ道になる」と見ています。

僕は、「平和で持続可能な世界を実現できるかどうかは、世界中の学校がどんな学校になるかで決まる」と思っています。**学校教育を変えることができれば、世界は変わることができます。**

君も、それができる一員です。ぜひ、力を貸してほしいと思います。

対話とは、対立を避けて当たりさわりのないやり取りをすることではありません。思いやりの心さえあれば、対立を一気に解決できるものでもありません。対立を恐れず、理性と感情を切り離し、お互いの理性を信じて「お互いがOKな状態」にものごとを導くことです。

対話のスキルを学んだ生徒が一人、また一人と増えていくことで、社会は持続可能な方向に向かっていきます。

ぜひ君も、本物の対話のスキルを高めていってほしいと思います。

その情報、ちゃんと疑ってる？

ここで、対話を進めていくうえで日頃から心がけておくべき大切なスキルについてお話ししておきたいと思います。

それは、情報のファクトチェックの方法です。

ファクトチェックとは、事実（ファクト）なのかどうかを確かめること。

先ほどのやり方で対話を進めていくことができるようになったとしても、そもそもその話の根拠となる情報が間違っていては、上位の目標にたどり着くことはできません。

また、対話に加わっている人たちが伝聞や憶測で話していると、おかしな決断を下してしまう可能性が高まります。

流れてきた情報は事実か、伝聞か、憶測か、デマか、それともウソか。

自分でファクトチェックする力は、君がこれからの時代を生きていくうえで、とても重要なスキルになります。

フィンランドの教育現場では、先生も子どもたちも「ミクシィ？（なぜ？なんで？）」という言葉をひんぱんに使うそうです。

先生がなにかを言うと、子どもたちは「それはなぜ？」と聞く。

先生も子どもの意見に対して、「ミクシィ？」と問いかける。

このやりとりを通じて、子どもたちは「相手の言うことが事実かどうか」を考えていく習慣が身についていくわけです。

あの人の言っていることは、本当だろうか？

この本に書かれていることは、合っているんだろうか？

このネットニュースは、もしかしてウソなんじゃないか？

情報が作られた目的は？
情報の具体性は？
情報の出どころは？
NEWS
本当かな？

自分で調べ、確認するまではかんたんに納得せず、疑い、調べること。

世の中に氾濫（はんらん）している情報ははたして事実なのか、伝聞なのか、推論なのか、デマなのか……。そういう視点で向き合っていきましょう。

自分の得た情報が事実かどうかを本気で考える習慣を持ち、調べることがとても大切です。

僕が日頃から意識しているファクトチェックの方法は、おもに次の3つです。

① 情報の目的（なぜ、この情報が作られたのか）

② 情報の出どころ（どこで見て、どこで聞いた情報か）
③ 情報の具体性（5W1Hでチェックする）

この3つの視点は、ニュースサイトやテレビで目にするニュースのファクトチェックにも使えますし、友達どうしのウワサ話を聞いたときにも役立ちます。ぜひ、日頃から意識して身につけてください。

「この情報、かたよってる」と感じたら要注意

たとえば、君がCさんから「今日、AくんがBくんに殴(なぐ)られていた。AくんはいつもBくんから嫌がらせを受けていたよ」と聞いたとします。

この言葉から、君はAくんとBくんの関係をどう考えますか？
また、Aくんの状況をどう感じますか？

Cさんの情報を素直に受けとれば、「Bくんが悪い」と考えますよね。

でも、ファクトチェックの3つの視点から見ていくと、**「今日、AくんがBくんに殴られていた。AくんはいつもBくんから嫌がらせを受けている」**から、第一印象とは異なる関係性が浮かんでくるかもしれない。

①情報の目的（なぜ、この情報が作られたのか）

Cさんはどうして、この情報を君に話したのだろう？

②情報の出どころ（どこで見て、どこで聞いた情報か）

Cさんはどこで、AくんとBくんの関係を知ったのだろう？

③情報の具体性（5W1Hでチェックする）

Cさんが見たのは、具体的にどんな場面だったのだろう？

僕なら、Cさんの話を聞いたとき、こんなことを質問します。

「そうなんだ。Cさんは、直接それを見たの？それとも誰かから聞いたの？」
「B君は、A君をどんなふうに殴ったの？」
「A君は、B君からどんな嫌がらせを受けていたの？」

この情報には、特に「具体性」が欠けています。

たとえば、「A君がB君に殴られていた」といっても、「日頃からグーで殴られていた」のか、「肩をこづかれていた」くらいなのか。

もしかすると、CさんがB君を嫌っていて、B君の評判を落とすためにウソをついている可能性だってあります。

つまり、いつ、どこで、誰が、誰に、どのように……の5W1Hで掘り下げ、情報の解像度を高くしないと、話の信ぴょう性が明らかにならないのです。

この確認方法は、ほかの情報にも応用できます。

テレビのニュースで、ある統計データをもとに「最近の若者には欲がない」という話題

が取り上げられたとしましょう。

君は、どこからチェックしますか？

僕はまず、統計データがどのようなものかをチェックします。

どこで行われた調査か、対象人数は何人か、対象者はどのように選ばれたのか、どんな質問で「欲」を測ったのか。そういうことを常に頭の中で想像していきましょう。

すると、**「午前中の情報番組の視聴者は『最近の若者は……』と言いたい高齢者が多いから、こういう話題は視聴率が取れるのかもしれない」**など、別の理由が見えてきます。

そのうえで、**「データは番組内のインタビューだけで、10人にしか聞いていない」「質問の仕方もかたよっている」**となれば、このニュースの信ぴょう性は低いと判断できます。

そして、**「そんな話題をさも正しいかのように取り上げるこの番組は、見なくていい」**と判断できるようになるのです。

「ファクトチェック」で絶対欠かせない3つの視点

ここであらためて、ファクトチェックのための3つの視点を整理します。

①情報の目的（なぜ、この情報が作られたのか）

悪口を言っている友達がいたら、「この人は、あの人のことをみんなに悪く思わせたいからじゃないだろうか」などと情報の目的を想像してみる

②情報の出どころ（どこで見て、聞いた情報か）

悪口を言っている友達がいたら、「なんでそうわかったの？」と掘り下げてみる。誰が見たの？ 誰から聞いたの？ それはいつ？ などと聞くことで、事実をチェックすることができる

③情報の具体性（5W1Hでチェックする）

人の悪口を言っている友達がいたら、「具体的になにがあったの？」など、話の具体性をチェックすることで、状況や背景、具体的に起こっている問題の程度など、情報の精度がわかる

この3つの視点を持っていると、日常の会話でも「それって本当？」「実際はわからなくない？」といった言葉がサラッと言えるようになります。

相手にかんたんに同調しないことで離れていく人もいるかもしれませんが、気にしないことです。そして、情報をしっかりと吟味できる人間は、対話の能力も磨かれていきます。

たとえば、「いつ、どこで、どんなシチュエーションで、殴ったのはグーで？ パーで？ 何発殴ったの？ 強さは？ 思い切り？ 軽く？」などと、みんなが細かくファクトチェックできるようになるだけで、嫌がらせやいじめの問題はかなり減るはずです。

ファクトチェックは、君自身が世の中で幸せに生きていくためにも、社会をより良く変えていくためにもとても重要なスキルです。

第2章を通じて、君の中にあった社会へのイメージが少し変わったかもしれません。

特に覚えておいてほしいのは、対立を乗り越える方法、「対話」についてです。

対話のスキルは、あらゆる場面で君たちを支えてくれます。君も、全員のＯＫを求めて対話のスキルを高めていってください。

第3章では、君にとってもっとも身近な社会である「学校」の役割について考えていこう。

第3章

学校

君にとって、
学校ってなんだろう？

学校とは、民主主義を学ぶ場

僕が初めて教員として教壇に立ったのは、山形県の飽海郡松山町（現在は酒田市）にある松山町立松山中学校でした。そのとき生徒たちに、本気でこんなことを語っていました。

僕　みんなに質問。学校って、なんのためにあるんだと思う？
Aさん　勉強するため？
Bくん　自分のため、なんじゃないの？
僕　たしかにそれもあるよね。でも、それだけなら学校っていらないかもよ。だって、勉強なら家でもできるでしょ？　僕は、究極を言えば学校は「平和」のためにある、つまりこの社会をより良くするためにあると思うんだ。
もし学校がなかったら、きっと世界に平和はやってこない。でも、残念ながら、世界には学校教育で戦争をあおる国もある。かつての日本もそう。だからこそ、そうならないようにするための方法を学ぶことが大事なんだな。

これは40年近く前の話ですが、当時と変わらない気持ちの僕がいます。

あれからずっと、教育現場での実践を通して、平和で民主的な社会を築くための教育のあり方を探し続けてきました。第2章でもお話しした通り、日本にかぎらず世界も対立だらけです。平和問題や経済問題、そして環境問題、どの問題も、自分の国だけで解決できるものではありません。

ですから、この地球上に住む人たちが「どんなに感情や利害の対立があっても、持続可能な社会をつくる」という最上位の目標がより重要なものになっています。

だからこそ、「持続可能な社会をつくる」という最上位の目標に合意できる人材を育てることは、学校教育でいちばん大切な課題なのです。

大げさに感じるかもしれませんが、僕は声を大にして「学校教育は平和を築くためにある」と君に伝えます。若造だったころの僕の思いは、いまいっそう強くなっています。

君の通う学校をはじめ、日本中の学校、世界中の学校が変われば、世界は平和になります。そのために欠かせないのが、この章で哲学する「民主主義」。君にとって学校とは、民主主義を学ぶ場でもあります。

民主主義も、人間どうしがうまくやっていくための「しくみ」の一つ

君も、民主主義という言葉を習ったことがあると思います。

でも、「民主主義ってどんなしくみか、かんたんに教えて」と言われたら、「うーん」と考えこんでしまうのではないかな。

僕も、「うまい説明はないものか……」と長い間、言葉を探してきました。

現時点での僕なりの民主主義の定義は、こうです。

「民主主義とは、可能なかぎり個々人の自由を尊重しながら、すべての人々の幸せを実現するという、かんたんには両立できない答えを全員の対話を通して探し出し、合意し実現していくこと」

まだ、あんまりピンとこないかもしれません。

もう少し、説明を続けます。

民主主義とは？

民主主義の考え方の原則をすごくざっくり言うと、「一人ひとりが、みんな自由に生きられる社会」ということです。

でも当然ですが、みんなが自由のままに生きれば、さまざまなトラブルや対立が起こることは誰でも予想できますよね。

極端に言えば、「自分の安全や生命を脅かされる」ことにもなります。

たとえば、君がクラスメイトの態度にいら立って、「頭にきたから、あいつを殴ってやりたい」と思ったとしましょう。

「誰かを殴りたい」と思う自由があるなら、逆に「誰からも殴られたくない」と思う自由もあります。この2つの自由は必ずぶつかります。

もし、**「ムカつく奴がいたら誰でも殴っていい」「力を使うのは自由」**ということを社会のルールにしてしまったら、力の強い人が勝つ世の中になりますよね。すると、誰もが**「力の強い人になりたい」**と思い始めるはずです。

ただ、どんなに強くなったとしても、**「もっと強いヤツがいるかもしれない」「自分もいつかやられるかもしれない」**という不安はなくなりません。また、人間は必ず老いますし、体調の悪いときや、怪我をして思うように動けなくなるときだってあります。

想像してもらえばわかりますが、強さだけを追い求める社会では、子どもや女性はもちろん、どんなに強い人間でさえも結局は誰も安心できず、落ち着いて暮らしていけません。

だから、民主主義は、「ある一定の条件つきで」みんな自由に生きていい、という前提の上に成り立っているのです。

「誰かを殴りたい」と心の中で思う自由は許しても、実際に殴っていいという自由を認めてしまったら、結局はみんなにとって不安でいっぱいの世の中になってしまう。

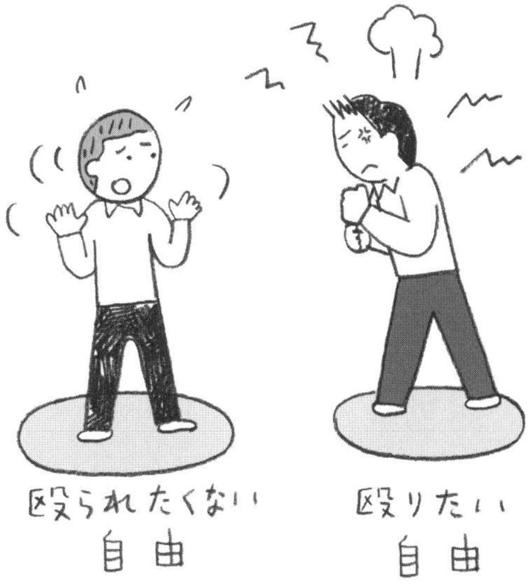

つまり、みんなが同じ社会で生きる以上、相手の生命や安全を脅かす自由をそのままにしておいては、誰もが困る可能性があるわけです。

だとすれば、**「みんながOK」**になるのは、被害を受ける人間が一人も出ない状態ですよね。それを実現するためには、原則として**「人を殴ってはいけない」**というルールを定めればいいことになります。

そして、ルールを破った場合の罰則を定めることで、たとえ「殴りたい」と思っても我慢できる抑止力にしようということになるわけです。

このような考え方を形にしたのが、僕たちの社会にある「法律」なのです。

まとめると、この社会で作られた法律は**「人間どうしが自由に生きることで起きる対立を調整するためにつくられたしくみ」**と言うことができます。

つまり、民主主義は、自分の自由を尊重しながら、他人の自由を侵害しない方向で自由な社会をつくっていくための「しくみ」でもあるのです。

「赤信号で立ち止まる」って、どの国でも同じだと思ってない？

ここで君に、2つの質問をしたいと思います。

一つめの質問です。

「放課後、君は近所のコンビニに向かいました。コンビニの前には横断歩道があります。信号は赤。右を見ても左を見ても、クルマもバイクも自転車も人も、通る気配はありません。君は赤信号を無視して、横断歩道を渡りますか？」

もちろん、赤信号を無視して横断するのは法律違反です。

道路交通法第7条には、「道路を通行する歩行者または車両等は、信号機の表示する信号または警察官等の手信号等に従わなければならない」と書かれています。

日本で信号無視をすれば、歩行者であっても、最大2万円の罰金に処される可能性があります。

ところが、海外に行くと事情は一変します。

ベトナムやタイでは、信号や横断歩道がなくても、バイクや車がどんどん来ていても、その合い間をぬってずんずん渡っていきますし、フランスでは自分の目で見て安全を確認したら、信号が赤でも渡るのが普通です。

実際、英国王立協会の科学誌『ロイヤルソサエティー・オープンサイエンス』に発表された論文によると、**「フランスでは、歩行者が10回に4回の割合で信号無視をして横断歩道を渡り、日本では100回に2回の割合だった」**（フランスのストラスブール大学の研究チームが、ストラスブールの3か所、名古屋の4か所の横断歩道で調査）と報告されています。

フランス人の多くは、こう考えるようです。

- **車が通らないのに信号を待つ必要はない**
- **そもそも道路は歩行者優先**
- **ルールや規則は、秩序を保つために必要。でも本来、人間の生活をスムーズにするためにルールがあるのであって、ルールを守るために人間が存在しているわけじゃない**

法律上の取り決めとして、信号無視はフランスでも違反になります。ただ、本当に取り締まりが行われることはほとんどなく、**「左右を見て、安全なら、本人の責任で気をつけ**

て渡ってＯＫ」というのが暗黙の了解になっています。

これは、「法律は人間が作ったものだと知ったうえで、それをどう解釈するかは当事者である自分が決めること」と考えているからです。

一方、日本では「法律は『お上』が決めたもの」「破って面倒が起きたらイヤ」「まわりの人は守っているのに自分だけ守らないのは恥ずかしい」という感覚で、車も何も通らない赤信号が青に変わるのをおとなしく待ちます。

フランス人からすると、真夜中の赤信号で立ち止まっている人がいる風景は奇妙に映るかもしれません。なぜなら、フランス人には「人間が自分たちの生活をよくするために法律を作ったんだ」という自覚があるからです。

法律は人間のためにあるわけですから、本来、危険がなければ自分の判断で渡ってもよいという法律をつくっても問題ないはずです。

しかし日本では、自己判断を許してしまったら、法律を守らない人間がたくさん出て、大きな事故につながる可能性があると考えます。

だから、目の前の状況で判断することよりも「赤信号は必ず止まる」というルールを優先したのです。

これは、日本とフランスどちらが正しいという話ではありません。
僕が一つめの質問で伝えたいのは、「どちらがいいかは、国任せにするのではなく、自分たちで話し合って決めるべきだ」ということです。

もしそのルール（法律）を疑問に思うなら、それをみんなで変えられる社会システムにしていくことも大切です。

ルールを変えるために声を上げるのは、他人じゃない。僕たちだ

「赤信号は止まれ」のほかにも、日常生活の中で「これって、どう決めるべきなんだろう?」と感じるルールはいくつもあります。

そこで、二つめの質問です。

「法律がいまの時代や状況に合っていないと感じたとき、変えていくためには、誰が声

を上げればいいと思いますか？」

社会の授業で習ったと思いますが、日本は「三権分立」です。

三権分立とは、国の権力を立法権、行政権、司法権の3つに分けるしくみのこと。

なぜ3つに分けるかというと、国の権力が一つの機関に集中すると暴走するおそれがあるからです。3つの権力が互いに監視し合い、バランスを取ることで権力のかたよりを防ぎ、国民の権利と自由を保障しようとする考え方です。

・国会には、法律を作ったり、変えたり、廃止したりする「立法権」がある

・内閣には、国会が決めた法律や予算にもとづいて実際の行政を行う「行政権」がある
・裁判所には、人々の争いごとや犯罪を憲法や法律にもとづいて裁く「司法権」がある

国会にいる国会議員は、選挙によって選ばれた国民の代表です。その国会議員が法律をつくっていくわけですから、国民が「この法律はおかしい」と声を上げれば、法律を変えていくことができます。

つまり、「これはいまの社会に合っていないかも？」と思うルールがあったら、「当事者」として声を上げることがルールを変えるための第一歩なのです。

でも、日本では「法律は自分たちで作るもの」そして「法律は変えられるもの」という当事者意識を忘れてしまっている大人が増えています。もしかすると、始めからその意識自体を持っていない人が大半かもしれません。

たとえば、当時伝染力の強い感染症と誤解されていたハンセン病の患者を強制的に隔離することを1931年に定めた「癩予防法」が廃止されたのは1996年ですし、アイヌの人たちを（差別的に）保護する名目で、1899年に成立した「北海道旧土人保護法」

が廃止されたのは、なんと100年近くあとの1997年です。

フランス人は自分たちで革命を起こし、王様から民主主義を勝ち取った歴史があります。だから、フランス人の多くはこう考えるのかもしれません。

「ルールや規則は、秩序を保つために必要。でも、人間の生活をスムーズにするためにルールがあるわけで、ルールを守るために人間が存在しているわけじゃない」

「このルールが変だ」と考えるのは自由ですし、むしろそう考えることは社会を進歩させるためには大切なことです。しかし、「このルールは変だから破ってしまえ」と考えると、民主主義は成り立ちません。

理由はわかりますよね。社会が無秩序になってしまうからです。

残念ながら、僕たち日本の大人はまだまだ「対話によって利害関係を調整していくこと」がうまくできません。

それは、いまの大人たちが子どものころに対話のトレーニングをする機会がほとんどな

かったからだと僕は思います。

社会全体でこうした対話がうまくなっていくためには、もっと幼いころから、自分がいる身近な社会に当事者として直接的に関わり、互いの自由の対立を解決していく経験が必要です。

その経験を積む最適な場所が、僕が考える「学校」です。

「ヘンなルールだけど、ルールだから守っておこう」

「納得できないルールだから、破ってしまおう」

そう考えてしまうのは、民主主義をよくわかっていない証拠です。

僕はこのモヤモヤを解決するカギは、「世の中のさまざまなしくみを知ること」にあると考えています。

学校で「法律は自分たちで変えられる」というしくみを学び、実際に変わった例を知り、当事者意識を持てるようになれば、社会は必ず変わっていきます。

問題は、「そのルールを誰が作っているか」ということ。

ルールを当事者である自分たちが作るのか、ほかの誰かに作ってもらうのか。

もちろん、君たち生徒が自分たちでルールを作っていくのが望ましい学校のありかたです。そのための対話による試行錯誤で、一人ひとりの当事者意識が磨かれていくからです。

民主主義は、全員の試行錯誤によってこそ成長していくものです。

軍国主義のころの日本は、その試行錯誤が許されない時代でした。そんな時代に戻ってしまわないためにも、学校はもっとも大切な場所です。

その考えを知った君たちが、次の世代の子どもたちに考え方を伝えていく。この繰り返しによって、平和で民主的な誰一人置き去りにしない社会が作られていくのです。

「ずいぶんのんびりした話だなあ」と感じるかもしれませんが、これこそが最短の方法なのだと僕は思います。

学校は、僕たちが幸せになる方法を学ぶ場所

さて、民主主義を学ぶ場である学校は、先の見えないこの時代に、どんな教育目標を持って進んでいけばいいのでしょう。

世界が平和で持続可能な方向に進むために、教える側はどんな生徒が育っていけばいいと考えるべきなのでしょうか。

僕は、「OECD（経済協力開発機構）」のつくった「Education2030プロジェクト」という教育目標を参考にしています。

フランスのパリに本部のあるOECDは、現在世界38か国が加盟し、1900人を超えるさまざまな分野の専門家を抱える世界最大の国際機関です。経済・社会の幅広い分野で経済成長、貿易自由化、途上国支援のための活動を推進しています。

そんなOECDの専門家たちが、今後の世界の教育のあるべき姿を追求してまとめた報告書があります。

そこに掲げられている教育の目標は「ウェルビーイング」。
日本語に訳すなら、「個人と社会のどちらも含む『幸福』」です。

ＯＥＣＤは、「人がよりよく生きていける、持続可能な社会をつくること。これを実現するには、子どもたちの『３つの力』を育てていかなければならない」と指摘しています。

① 自律……責任ある行動を取る力

「責任ある行動を取る力」とは、ここまで何度も登場してきた「当事者意識」のことです。持続可能な社会をつくるには、みんなが目の前にある問題をみずから取り組むべきものと意識して行動する力が欠かせません。

② 対話……対立やジレンマを調停する力

「対立やジレンマを調停する力」とは、つまるところ「対話力」です。
世の中は対立とジレンマだらけ。みんなが勝手に経済活動を行えば、混乱が生じます。対話によって調整していく力がないと、世の中は決して平和になりません。

③ 創造……新しい価値を創造する力

「新しい価値を創造する力」とは、社会の問題を解決していくための豊かな発想力のことです。新たなアイデアや技術を生み出すためには、学び続けることが欠かせません。

中でも、対立やジレンマを調停する力＝対話力は学生時代に身につけておくと、社会でとても役に立つ力です。

「多数決はホントは民主主義じゃない」って知ってた？

これまでの日本の学校では、どちらかといえば「対立やジレンマを起こさない」コミュニケーション方法を教えてきました。

たとえば、クラスで話し合いをするとき、教員が「みんな、思いやりの心を持って話し合おう」などと言います。「感情的な対立は避けてほしい」と先にメッセージを出してしまうわけです。

生徒たちは空気を読んで、クラスの人間関係の中で折り合いをつけようとします。

口うるさく意見する生徒、やたら批判ばかりする生徒などを意識しながら、結局は権力の強い方や多数がいる方の勝ち、といった空気が生まれます。ほとんどの生徒はクラス内の力関係を察して自分の定位置を決め、対立を避けてしまうのです。

このようなことは、じつは日本の大人の世界でもよくあります。一般企業の会議でも、学校の職員会議でも、未熟な組織では**「空気の読み合い」**をするものです。

残念なことに、民主的な話し合いが求められる場面でさえこうした「空気の読み合い」がひんぱんに行われます。また、逆にこうした空気の読み合いを嫌ってなのか、対話を十分に重ねることなく、安易な多数決でものごとを決定してしまうことさえあります。

多数決を取ることは、乱暴に言えば「マイノリティ（少数派）を切り捨てる」ということです。「多数に従え」では、誰一人置き去りにしない社会なんてつくれるはずがありませんよね。

 多数決をとることは、少数派を切り捨てること

「○○に賛成の人は、手をあげてください。次に△△に賛成の人。はい。△△に賛成の人が多いので、うちのクラスの文化祭の出しものは△△に決まりました」

学校でなにかを決めるとき、当たり前のように行われているのが「多数決」です。君も、なにかしらの多数決に参加したことがあるんじゃないかな。

多数派になって意見が通ったこともあれば、少数派になって残念な気持ちになったこともあるでしょう。

いずれにしても、心のどこかで「この決め方はおかしい」と疑問に感じたことはありませんか?

僕は、日本全国のさまざまな先生たちを相手に「民主主義」をテーマにお話しすることがあるのですが、必ずと言っていいほど次の質問をすることにしています。

「みなさんの教室では学校でものごとを決めるとき、多数決を使いますか? そして、多

数決で決めたんだから、みんなでがんばろう！なんて言っていませんか？」

なぜこんな質問をするかというと、「基本的に多数決は民主的な決め方ではない」からです。前にお話ししたように、多数決は基本的にマイノリティ（少数派）を切り捨てる方法です。

君たちの中には「えっ？国会とかでも最後は多数決で決めてるじゃん」などと疑問に思う人がいると思います。

そうです。たしかに、国会では多数決でものごとを決めています。

でも、国会で多数決を「使わざるをえない」一番の理由は、「それ以上ベターな方法が見つかっていないから」なんです。

政治は、一定の時間内に決めなければ、国民全員の利益を損ねることになります。結論がまとまらないからといって、いつまでも話し合いが続いてしまっては、それこそ多くの人々が困っている問題を一つも解決できなくなってしまいます。

特に、東日本大震災や新型コロナウイルスのように、いままでの法律では十分に対応することができない大きな問題が起きているときには、すばやい決定が必要になりますよね。

でもやっぱり、多数決という方法はとても危険な決定方法です。

たとえば内閣府のまとめによると、日本社会には身体障害や知的障害、精神障害など、障害がある方々が人口の7%を超えると言われています。ここに発達障害やお年寄りの障害などを加えれば、さらにたくさんの人たちがなんらかの障害を持って暮らしていることになります。

でも、これだけの数の障害のある方々がいるにもかかわらず、人口全体から見れば、やはりマイノリティ（少数派）です。

もし、国会運営で対話と合意なく、単純に数の論理で決めることが当たり前になってしまえば、こうした少数派にとって不利益な社会がつくられていくことになるのは明らかですよね。

「国会における多数決は、かぎられた時間の中で対話と議論をつくした後の最終手段でなければならない」ということです。だからこそ、国会議員の対話の質が重要ということにもなります。

多数決をぶっこわせ！

多数決で決まったことには、基本的に少数派の立場や意見が反映されません。

それは、多数決には対話による合意が決定的に欠けているからです。本当は**「全員がハッピーになる答え」**を探してから決定すべきです。

でも、多くの学校ではその努力をしないまま、安易に案をまとめて選択肢をつくり、多数決をしてしまいます。

たとえば、君のクラスの文化祭の出しものを決めるとき、なんとなくまとまった選択肢のA案がダンス、B案が演劇だったとしましょう。

多数決を取ってみると、A案に賛成の人は80％、B案に賛成の人は20％でした。

じつは、これで「ダンスに決定！」としていいのは、クラスの全員が「文化祭でダンスをやりたい、またはやってもいい」と考えているとき＝「全員の基本的な合意があるとき」だけです。

本来は、クラスの中に「ダンスでもいい人」、「演劇でもいい人」、「絶対にダンスがやり

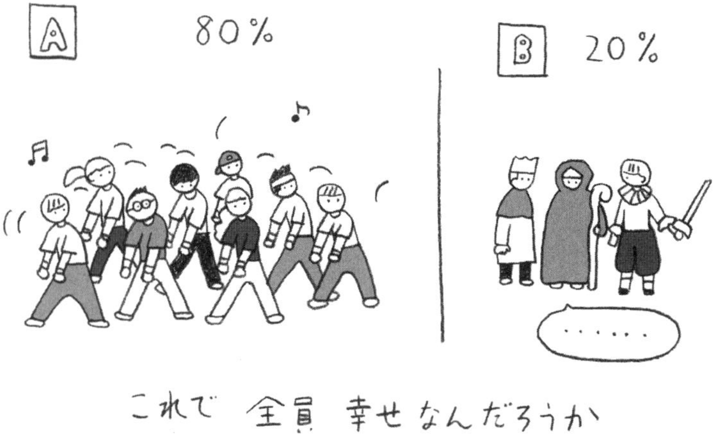

たい人」「絶対に演劇がやりたい人」、「どっちもやりたくない人」などがいる場合、多数決をとるための条件が整っているとは言えません。

ところが、日本の学校では「はい、決まりました」とA案が通り、全員でダンスをする方向で準備が進み始めます。

でも、じつはこれは、本来の民主的なものごとの決め方ではないのです。

大切なのは、「対話→合意」のステップを踏むこと。

もし、文化祭の出しものを決めるのであれば、「そもそも文化祭にクラスとして出しものをするべきかどうか」から始まり、「全員が参加したいか」、「参加したくない人は休んでもいいか」など、「文化祭の出しものには全員が参加するもの」という前提をとっぱらって話し合いを始めるべきです。
するると、なんのために文化祭を行うのか、どうしてクラスで出しものをするのか、そんな「そもそもの目的」に戻って対話を始める必要があります。
その目的が「全員ＯＫ」でないかぎり、その後、どれだけ話し合いを重ねても感情的な議論のままで、両者のミゾは埋まらないでしょう。

僕の考える文化祭は、お客さん、つまり外から見に来てくれる人がいて初めて成立する行事です。
ですから、見に来てくれる人を楽しませるということが優先されます。つまり、「見に来てくれた人に楽しんでもらい、喜んでもらう」が文化祭の目的になります。
この目的に全員がＯＫしてくれたら、それが最上位の目標です。
最上位の目標があれば、その後の話し合いですれ違いが生じても大丈夫。
意見が対立したら、「文化祭の目的はなんだっけ?」「見に来てくれた人に楽しんでもらい、喜んでもらうことだったよね」と立ち返って、もう一度話し合えるからです。

だから、もしクラスでものごとを決めるときに多数決の話が出たら、君が「目的に戻って話し合いをしようよ」と、声を上げてみてはどうでしょうか。

ホンモノの多数決、ニセモノの多数決

肝心なのは、ここからです。その最上位の目標の合意をスタート地点として、さらに対話を進めていくのが民主主義です。

「体を動かして楽しみたいから、出しものとしてダンスはどう?」
「でも、私はリズム感がないから、ダンスだと楽しめないと思う」
「オレもみんなに笑われるのイヤだし」
「練習も必ずみんなに迷惑をかけることになるし、それはイヤだな」
「そこはがんばって練習しようよ」
「無理してがんばるのを前提にするの、おかしくない?」
「オレは演劇はイヤだな。しゃべるの苦手だし、恥ずかしい」

「うまくなかったらお客さんにもイヤな空気流れるし……」
「じゃあ、リズム感がなくても活躍できる場面のあるミュージカルにしたら？」
「いいね。演劇とダンスを組み合わせたら舞台を作る役割も作れるし、参加できる人が増えそう」

こんなふうにして対話を続けることで、ミュージカルという全員が「やってもいいかも」と合意できる選択肢の案が見えてくるのです。

基本的に、多数決をとってもいいのはA案でもB案でも「全員がOK」なときだけです。そうではないときは、A案なら誰が不利益を被り（こうむり）、B案ならどうなのかを冷静に整理し、誰も不利益にならない「C案」を探し出すのです。

利害が対立した状態のままで多数決を取るのは、マイノリティ（少数派）を切り捨てることになります。**君がふだん気軽に「多数決で」と言ってしまっているなら、その「罪」の重さをきちんと自覚しなくちゃいけません。**

・一人ひとりの自由を可能なかぎり尊重しながら、対話を続ける
・その場にいる全員がＯＫとなる方向で妥協点を見つけていき、合意する

もし先生が「今年の体育祭の目標は『団結』です。そのために何ができるか、学級で話し合ってください」などと言って始める学級会があったら、君は勇気を出して「それはおかしいと思います」と声を上げていいのです。

なぜなら「団結する」という目標設定そのものが、そもそも「全員がＯＫ」の目標にはなりえないからです。

団結は、対話を繰り返し、みんなが合意できた目標に向かって全員が努力し始めたとき、結果的に出てくる姿です。最初から「団結しよう」と押しつけるのは、多数決以前の残念な目標設定です。

団体行動が苦手？ 大いにけっこう

「全員一緒にやろう！」
「心を一つにして取り組もう！」
「みんなでやるんだから、苦手でもがんばれ！」

これまでの学校生活で、そんなスローガンを見聞きしたことはありませんか。

いま、君がこんなことで悩んだり、心配したりしているなら、安心してください。

「団体行動が苦手だけど、我慢して合わせた方がいいのかな？」
「みんなと一緒にうまくやれないと、社会に出てから困るのかな？」

答えは2つとも「NO」。

団体行動が苦手で将来困ることなんて、ほぼありません。

もちろん、規律や団体行動が徹底して求められる仕事もありますが、苦手な人はそもそもその仕事を選ばないことだってできます。

たとえば、君のクラスが学校のスポーツ大会に参加するとしましょう。

自由参加で、「優勝したい!」という目的を持った20人が集まったのなら、「心を一つに優勝しよう!」をスローガンに一致団結し、団体行動で練習を重ねて勝利を目指すのもアリでしょう。

でも、クラス全員が強制参加で「心を一つに優勝しよう!」なんて、おかしな話です。

そもそも、「スポーツ大会自体に参加したくない」と思っている人がいるかもしれません。参加したい人のなかにも、「スポーツを純粋に楽しみたい」「体を動かして運動不足を解消したい」くらいの気持ちの人もいるかもしれません。

もしそうだとしたら、「心を一つに優勝しよう！」をスローガンに一致団結、団体行動で練習を重ねて、勝利を目指す……というのは、目指したくない人の意志を無視した目標です。

やりたくない人に一致団結を強いて、**「我慢してがんばることが尊い」**という価値観を押しつけるなんて、僕にはとてもなじまない考え方だし、なによりその人たちを苦しめるだけの取り組みです。

団体行動をしない自由は、全員にあるんです。

- **やりたくないスポーツ大会に参加しない自由**
- **団体行動を訓練する宿泊行事に参加しない自由**

現実的にいまの教育システムでは難しいことですが、本当は**「つまらない授業を受けない自由」**だって認められていいのだろうとさえ思います。

こうした自由を選ぶ権利は、いつも君の手の中にあります。ただ、一つだけ忘れてほしくないことがあります。

やりたくないからスポーツ大会を中止にする自由、団体行動が嫌だから宿泊行事を取りやめにする自由、つまらない授業を妨害する自由はない、ということ。

なぜなら、ほかの人たちの自由を妨げる自由はないからです。

「心を一つに」

「団結」

「絆」

日本社会では一見、美しいとされるこれらの言葉は、結果として誰かを仲間はずれにしかねない危険な言葉だと僕は思います。

団結が大好きな人たちに**「それはおかしいよ」**と面と向かって伝えたら、きっと彼らは頭にくるでしょう。こうした言葉が好きな人たちは、心を一つに団結して、絆と達成感を感じてきたはずだからです。

その人の価値観は、**「団結できて楽しかった」「絆が生まれた」**という体験に基づいています。それを頭ごなしに否定するのは、相手自身を否定することになります。

これを読んでいる君が、「考え方はみんな違っていい」と信じているなら、彼らに「団結が大事」と考える自由があるのをわかってくれるはずです。

「心を一つに」と周囲に求めたくなる気持ちそのものがOKなのも、わかりますよね。

ただ、ここで大事なのは、「一人でいたい」、「団結は嫌だ」と思う自由もあるということ。お互いの自由がぶつかったとき、どういう結論を導き出したらいいかが重要です。自分の自由を尊重するために人の自由を妨げる権利は、誰にもないのです。

「みんなちがって、みんないい」って、聞こえがよすぎると思いませんか？

君は「みんなちがって、みんないい」という言葉を聞いたことがありますか？

これは戦前に活躍した詩人・金子みすゞさんの『私と小鳥と鈴と』という詩の一節です。

『私が両手をひろげても、お空はちっとも飛べないが、飛べる小鳥は私のように、地面を速くは走れない。

私がからだをゆすっても、きれいな音は出ないけど、あの鳴る鈴は私のように、たくさんな唄は知らないよ。

鈴と、小鳥と、それから私、みんなちがって、みんないい。』

「みんなちがって、みんないい」の一節は、「多様性のある社会」を示すキーワードとして注目を浴びるようになりました。

でも、毎日の学校生活の中で、すでに君は気づいていると思います。

「みんなちがって、みんないい」を実現するのはラクじゃない。それどころか、めちゃく

ちゃ大変だ！ということに。

たとえばある日、君のクラスでケンカが起きたとしましょう。

君は放っておきますか、止めに入りますか。それとも先生を呼びに行きますか？

ケンカしたのは発達にきわめて特性のあるA君と、ふだんはA君と仲がよく見えていたB君。A君はもともと人づきあいが苦手で、ときどき自分の感情を抑えきれなくてパニックになって物を投げ、教室から出て行ってしまいます。

その日のケンカは、B君がイライラして

いたA君をなだめようとして話しかけたのがきっかけでした。

最初は「A君にちょっかいを出したB君が悪い」と思った人たちも、理由を聞くとB君に同情的に。でも、怒ったA君の真意は誰もきちんと聞き出せていません。また、クラスにはA君を指さして「先生、あいつ迷惑なんですよ」と言う生徒もいます。

そんな中、もし君が同じクラスにいるとしたら、君はどういうふうにかかわっていくだろう？

「みんなちがって、みんないい」はたしかに美しく、聞こえのいい言葉です。でも、本気で「みんなちがって、みんないい」を認め合える社会をつくろうとしたら、その過程ではたくさんの対立とジレンマが生まれます。

それを乗り越えるには「多数決」のところで話したのと同じように、粘り強い対話と小さな合意を重ね、「全員がＯＫ」と思える共通点を探し出していかないといけない。君が感じていた通り、「みんなちがって、みんないい」を実現するまでの道のりはすごく苦しく、けわしいものなんです。

そう、僕たちは、「みんなが違うための覚悟」を持たなくちゃいけないのです。

価値観のぶつかり合いが起きたときこそ、チャンス！

- A君は僕らと違うから……と遠ざけ、ラクになろうとする人
- 先生に判断を丸投げして、考えるのをやめてしまう人
- 「B君は偉い」と思いながら、遠巻きに見ている人
- A君がどう考えているのか、なんとか聞き出そうと努力する人

でも、僕は「ぶつかり合いが起きたときこそ、チャンス」だと思っています。

摩擦が生じたときこそ、「誰一人置き去りにしないまま、一人ひとりのあり方を認め、社会も尊重する方法はないか？」と対話を始めるいい機会だと思うのです。

でも、対話には対立がつきもの。第2章でもお話ししたように、人はすぐに感情的になります。

言い合いになったり、ムッとして無言になったり、言葉でのぶつかり合いに耐えきれずに泣き出したり……。そんな経験をすると、対話をする勇気も引っ込んでしまうかもしれないね。

ここで大事なのは、考え方の違いとそこから生まれる感情とを切り分けること。その方法は、１１０ページで解説した通りです。

生徒どうしでケンカが起きたとき、解決策として「まず、お互いに言いたいことを言いなさい」と言う先生がいますが、僕はそれは無責任なアドバイスだと思います。

お互いの考えを遠慮なく言い合えば、必ずと言っていいほど感情のぶつかり合いにエスカレートします。そしてそれはお互いの心に大なり小なり、しこりとなって残ります。その場でスッキリ水に流すなんていうのは、漫画の中だけの話です。

感情のぶつかり合いからは、なにもいいことは生まれません。大事なのは、感情をぶつけ合うのではなく、感情を上手にコントロールして、合意のための対話を始めることです。

ですから、意見が飛び交い収拾がつかなくなったときは、みんなの「最上位の目標」に

戻りましょう。

さっきのA君とB君のケンカとその後の対話で言えば、『『みんなちがって、みんないい』と思えるクラスになるには？』という、みんなの「最上位の目標」に戻ります。

なんのために、この話し合いをしているのか？

誰のために、どんな目的のために、どんな合意に向かっているのか？

それを実現するための手段を話し合う場が「対話」です。

感情の対立が起きたとしても、感情をコントロールして「最上位の目標を実現する

ためにはどの手段がいいのだろう?」に戻ることができれば大丈夫。もう一度、落ち着いて対話を再開できるはずです。

対話と合意は、君たちにとって難しい取り組みのように感じられるかもしれません。

でも、学校という場は、一人ひとりが少しの勇気を出し合うことで「みんなちがって、みんないい」がどんなものかを学べる大切な場所。みんなの価値観がぶつかり合うことで、対話と合意の最高のトレーニングができるのです。

校則は、僕たちを不幸にする

僕が中学生だったころ、髪の長い男子生徒を見つけると**「髪の毛が長い」**と言ってもみあげを引っぱる先生がいて、僕はその先生が大嫌いでした。

「校則違反だ」と言うけれど、僕にはそもそも学校の中で髪型や服装を縛られる理由がわかりませんでした。

説明もなく、理不尽なことを強いてくる先生。その理不尽の根拠となっている校則に、僕は心底うんざりしていました。

だから、君がもしいま「靴下の色は白だけ」「前髪は眉毛より上で切りそろえる」など、社会の当たり前とはかけ離れた校則にうんざりしているとしたら、その気持ちはよくわかるのです。

しかし、大学を出て中学校の教員になったころ、僕はとまどっていました。

というのも、「校則なんて、なんの意味があるんだ」と思っていた自分が、校則を守るよう指導する側になってしまったからです。

社会では不思議に思われる内容の校則を「決まりだから」と生徒に言ったところで、誰の心にも響かないのは当然です。

それから40年近く教員を続けてきたいま、僕はこう考えています。

「学校だけでしか成り立たない校則は、本質的に必要ない」と。

「校則」は、生徒と教員が意識すればするほど、お互いが不幸になってしまいます。結果として、誰もが多くのムダな時間をすごしてしまうのです。

生徒たちと一緒に校則を変えた僕が見た景色

いま、「服装頭髪の乱れは心の乱れ」という価値観を本気で信じている教員はまずいないでしょう。

もしいたら、その先生の人権的な感性は疑問です。

大人たちの姿を見てもわかりますが、海外に目を向ければ、ほとんどの国で服装も髪型も個人の自由に任されています（もちろん、完全に自由なわけではありませんよ）。いくら自由でも、認められていない場所で素っ裸でいれば逮捕されてしまうことだってあります。法律も、その時代の社会通念にそって決められているからです。

学校の話に戻すと、「ヘンな校則で生徒を縛るのはおかしい！」と怒り、「自由な校則に変えていこう」と意気込む生徒たちの気持ちはよくわかります。

実際、僕も教員になりたてのころ、そうした生徒たちの気持ちを受け止め、生徒会の活

動などを通して生徒たちと一緒に校則を変えた経験があります。

ところが、残ったのは「むなしさ」と「申し訳なさ」でした。

ものすごい熱量と時間を費やして変えられたのは、「靴下の色は白だけでなく、黒や青でもOK」という程度のことだったからです。

「それまで僕たちが費やした時間は、いったいなんだったんだろう」
「靴下の色なんて、子どもたちの人生にとってささいなことじゃないか」

こんなささいなことに生徒たちの大切な時間とエネルギーを使わせてしまったことに、僕は心底むなしさと申し訳なさを感じたのです。

学校に行けないことを恥じる必要なんて、1ミリもない!

君は驚くかもしれないけど、不登校なんて、じつは「へっちゃら」です。

別に学校に行かなくても、本人らしく生きていく方法はいくらでもあります。不登校は社会に出て行くうえで、なんの障害にもならないのです。

僕は校長として、不登校の生徒にこう伝えています。

「進級、卒業については校長に全部の権限があるから、僕と面談さえしてくれたら進級もさせるし、卒業証書も渡せるよ。ただ、卒業証書は、中学校の全課程を修了したことを証明するものなんだ。本当にあげちゃうけど、いいかな？」

僕が必ず面談をするのには、二つの理由があります。

一つは、進級させてよいか、卒業させてよいかを本人と直接話すことで判断するためです。

そしてもう一つは、社会に適応していくためのきっかけと学びを与えていくためです。

かんたんに言えば、本人と社会とのつながりを残し、本人を元気にしていくためです。

「全課程を修了したと証明しちゃうけど、大丈夫？ 卒業すると、もう一回中学校に通い直すことはできないよ。もし学び直したいなら、フリースクールもあるし、数は少ないけど、夜間の中学校、ネットで通える中学校もあるよ」

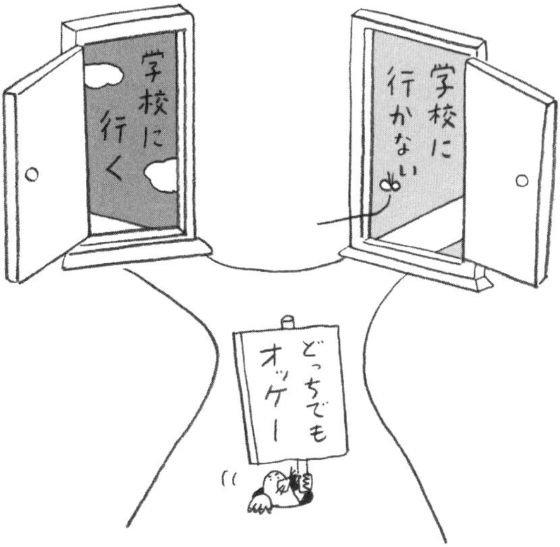

でも、これまでのところ、僕と出会ったみんなは**「大丈夫です。よろしくお願いします」**と言って、卒業していきました。そして、学校のすべての課程が社会に出るために必要ではないことは、立派な大人になった不登校の生徒たちが証明してくれています。

前にも言いましたが、学校は**「人が社会の中でより平和で幸せに生きていくための方法を学ぶ場所」**です。

だから、僕はその結果として、学校で学んだ子どもたちが将来**「より幸せな社会をつくる」**ことに貢献できるようになってほしいと考えています。

ここで勘違いしてほしくないのは、学校に来ることは、社会の中でより幸せに生きていけるようになるための一つの「選択肢」にすぎないということ。だから、大事なのは学校に来ることそのものではありません。

君や君の友達、同級生がなにかの事情で学校に来ることができなくなっても、世の中にはたくさんの学びの場があります。どこにいても人とのつながりはつくれるし、勉強だってできるし、より幸せに生きていける大人になれるのです。

昆虫図鑑でだって、国語は学べる

僕は、経済産業省が主催する「『未来の教室とEdTech（エドテック）研究会』という会の委員をしています。以前、そこで「子どもたちと大人で一緒に『未来の教室』を考えよう」というワークショップを行いました。

そのとき出会って印象に残っているのが、園芸高校に通いながらバイオテクノロジーの研究をしている高校生です。

彼は小学生のころ、病気で長期間の入院生活をよぎなくされ、ほとんど学校に行くことができなかったそうです。

国語、算数、理科、社会。実際に授業を受けた時間はわずかで、あとは大好きな昆虫のことが書かれた本や図鑑を読み続けていたと聞きました。

彼は**「国語は昆虫図鑑で学びました」**とも言っていました。

その後、中学校にはまずまず通えるようになり、大好きな生物の分野を生かして園芸高校に進学。いまはバイオテクノロジーに関する研究ができるのが楽しくてたまらない、とうれしそうに話してくれました。

彼がこの先、どんな人生を歩んでいくのかはわかりません。でも、僕は彼と話していて**「彼は本物の学びの楽しさを知っている」**と思いました。

学校に行かなければ国語が学べないかと言えば、そんなことはありません。彼は大好きな昆虫図鑑を読みながら、みずから学んでいったのです。

なにも、彼が特別なわけではありません。

洋楽が好きで、歌詞を丸ごと覚えて歌うことを繰り返しているうちに英語が話せるようになった人もいれば、ゲームが好きで没頭するうちにプログラミングを覚え、自分でゲームを作るようになる人だっています。

「学校に行って誰かに教えてもらわなければ勉強ができない」というのは、思い込みにすぎないのです。

だから、僕は不登校の生徒と面談するとき、必ず「いまはどんなことをやっているの？」「これからなにかやりたいことはある？」と聞くようにしています。

いま、好きなことに取り組んでいて先々にもやりたいことがあるなら、大丈夫。「学校には行かない」と決めてしまえば、たくさんの時間が手に入ります。

その時間を使って、思う存分好きなことに取り組めばいい。スポーツをする、本を読む、会いたい人に会う、ゲームをする。ダラダラしたっていい。ダラダラした生活がイヤだと思うなら、それを変えるための方法を研究してもいい。

じつは、仮に中学3年間まるまる学校に行かなかったとしても、それだけで高校受験が不利になることはありません（推薦入試などは難しいかもしれませんが）。

また、高校に行かなくても高認（高等学校卒業程度認定試験）を受けて、大学に入ることもできます。目指す大学、学びたい学科がはっきりあるなら、たくさんある時間を受験に向けて使っていけばいいだけです。

「学校に行かない選択をする」と決めたら、「学校生活で手に入るなにか」をあきらめたことになります。でも、その分、ほかのなにかを手に入れることができます。そしてそれは、どちらも尊いのです。

学校に行かないだけで人生が不利になることなんて、じつはほとんどありません。不登校なんてへっちゃらなんです。

学校に行かないよりも行った方がいい理由をあえて探すとすれば、「本人が望まなくても、そこにはたくさんの人たちがいる」ことでしょうか。

第3章の冒頭で「学校とは民主主義を学ぶ場」、そして「学校は『平和』のためにある」と書きました。平和や民主主義という、大きなテーマが出てきて驚いたかもしれません。でも、この章を読んで、学校が対話のトレーニングを積み、合意へのステップを学べる場なのだと気づいてもらえたと思います。その先に平和があり、それを実現するために欠かせない民主主義があります。

いまも、すぐに多数決でものごとを決めてしまう学校、理不尽に感じる校則のある学校もあるでしょう。それでも学校では、一人ひとりが少しの勇気を出し合うことで「一人ひとりが、みんな自由に生きられる社会」のあり方を探っていくことができるのです。

続く第4章では、対話のトレーニングにも欠かせない一人ひとりのつながり、友達をはじめとした人間関係について考えていきます。

第4章

人

友達って、
ゼッタイに必要？

友達って、君にとってどんな存在？

そもそも君の考える「友達」って、どんなイメージだろう？
学校で生徒の話に耳を傾けていると、いろんな声が聞こえてきます。

「友達はたくさんいるけど、親友はいない」
「友達は少ないけど、親友はいる」
「2時間くらいは大丈夫だけど、半日も一緒にいると疲れちゃう。それって友達じゃないのかな？」
「いつでも頼り合えるのが友達だと思う」

世の中にはいろんな人たちがいて、価値観も、文化も、「正しい」とされていることも異なる場合がほとんどです。

僕の友達観は、少し変わっているかもしれません。

まず、学校のクラスメイトは全員友達だし、クラスが違っていても部活や行事で知り合った人たちは全員、友達。これが僕の学生時代の感覚です。

ただ、その友達といつも一緒にいたわけではありません。

距離感が近い子もいれば遠い子もいて、よく話すけど冗談を言いづらい子がいれば、ふだんはあまり話さないのに冗談を言い合える子もいたり……。

中にはどうしても馬が合わなくて、ケンカをしてほとんど口を利（き）かなくなった子だっています。それでも友達です。

極端に言えば、日によって関係性は変わってくるし、時期によって距離感が近くなったり、遠くなったり、というゆるやかなつきあいをしていました。

そんな友達観は、いまも変わっていません。

学生時代の友達は、働いてからできる友達とはひと味違う

大人になって仕事をするようになってからは、同年代の人たちとのつきあいはほとんどありません。その分、学生時代と比べると友達の枠が少し広がりました。**いまは、人として誠実なつきあいをしてくれるすべての方々が、僕の中では友達と呼べる存在です。**

同じ学校ですごす人はもちろん、取材で会った人、講演の準備のためにやりとりをした人、その他、さまざまなきっかけで出会った方々も。もっとも、相手はそう思っていないかもしれないけど（笑）。

友人観については、君たちと比べると少し広いとらえ方をしているかもしれない僕ですが、高校時代の友達についてはやや異なる部分があるので、ちょっとだけお話ししておこうと思います。

高校時代の友達の中には、未熟でダメダメの僕を知っている人たちがたくさんいます。

彼らとは、政治、哲学、世の中のこと、音楽、スポーツ、恋愛、勉強……、いろんなことを語り合いました。ときには徹夜で、朝まで激しく議論し合ったこともあります。ときにはイキがって激しく言い合い、殴り合いになったことさえあります。

いま思い出すと、人として情けなく恥ずかしい姿も全部さらけ出した仲間たちです。なのに、彼らとのつきあいはいまでもとても心地よく感じます。

なかには20～30年ぶり、なんて長いブランクを経て再会した友達もいますが、話すと心が安らぎますし、あっという間に懐かしい思い出で盛り上がったりします。

僕の中では、素の自分を見せられる安心感なのかなぁ……なんて感じています。

大人になってからできた友達とは、努力と心がけ次第ではいい部分だけを見せてつきあっていくことができます。お互い相手を傷つけないように気を遣いながら過ごせるくらいには、大人になっているからです。

そんな関係性もかけがえのないものですが、学生時代の欠点だらけで、いまから考えたら恥ずかしいくらいのアンバランスな人間どうしのつきあいは貴重なものかもしれません。

どんな人間関係でもうまくいく秘訣の本質

僕には高校時代、特別に仲のいい友達が2人いました。

一般的には、「親友」と呼べる関係なのかなぁと感じていましたし、いまでもそのときのことを思い浮かべるとそう思います。でも、その相手が僕のことを親友だと感じてくれていたかどうかなんてわからないし、お互いに**「俺とおまえは友達だよな、親友だよな」**と言葉で確認したことはただの一度もありません。

僕の中では、それは相手が大切であればあるほど、決して言ってはいけない言葉だと思っていました。なぜなら、相手を親友だと確認するための呼びかけは、**「僕は君を裏切らない。だから、君も僕を裏切るな」**という束縛と脅しのようなものだと考えていたからです。

もちろん、そう言い合える友達関係を否定するつもりはありません。ただ、僕の場合は、お互いを束縛しない距離感が心地のよい関係だと思っているのです。

この「心地よい距離感」は、人によっていろいろです。

もちろん、自分と相手にとっての心地よさも違います。そんな二人が友達になっていくまでの距離感のプロセスなんて計算できませんから、経験から学ぶしかありません。

なかには初めからうまい子もいるし、不器用な子もいます。でも、初めからうまい子と不器用な子、または不器用な子どうしが、絶妙な友達関係を築いていくこともあります。

僕から君に言えることは、「人づきあい

の感覚は、長い時間をかけて努力すれば、誰でも必ずうまくなっていく」ということ。自分にとってちょうどいい距離感の測り方は、生きている間に磨かれていくから、安心してください。

よく「自分がされてイヤなことは相手にするな」と言いますよね。でも、じつは「自分がされてイヤなことは相手にとってもイヤなこと」とはかぎらないし、「自分にとって心地よいことが相手にとっても心地よい」ともかぎりません。

大切なのは、「自分と相手は絶対的に違うんだ」と知ること。

それが、人間関係がうまくいくコツです。

運悪くどこかのタイミングで、誰かとひどく衝突してしまい、友達づきあいがトラウマになっている人でも大丈夫です。

それは一時的に距離感の測り方がわからなくなっているだけで、いつからでも自分にとってちょうどいい関係の作り方は身につけられます。

友達は多ければすばらしいわけでも、少ないとさびしいわけでも、ましてや誰とでも仲良くしなくちゃいけないわけでもありません。

だから、「友達が大事」という価値観に影響されて、友達づきあいについて悩む必要なんてないと僕は思います。

「みんな仲良く」なんてできるわけない！でいい

僕は、「みんな仲良く」という言葉が嫌いです。
実際、誰にだって気が合わない相手はいるし、嫌いな人もいるはずだから。
たまたまクラスが一緒になっただけで、「みんな仲良くしよう」なんて、正直ムリがありますよね。また、小学校の入学前に大人たちが「友達100人できるかな?」なんて気軽に呼びかけるのも、乱暴で無責任な話だと思っています。

ここで、僕から君に伝えたいメッセージが2つあります。

「誰かと仲良くなんてできなくていい」
「だから、仲良くなることを目的にしなくてもいい」と。

気が合わない人、嫌いな人はいて当たり前。ムリに仲良くなる必要はありません。でも、だからといって僕はそういう人にいじわるはしないし、無視したりもしません。

もし、君が学校で「仲良くなれそうもないな……」という人と同じグループになったら、どうしますか？

話す前から相手を遠ざけてしまうのは、あまりおすすめしません。

チャンスがあったら話してみて、お互いの考え方や意見の違いを知り、おもしろがったり、イライラしたり、びっくりしたり、モヤモヤしたりしながら、少しずつ会話を重ねていってみてください。

僕は、「異質な人との対話は、本を読むことに似ている」と思っています。

自分とは違うものごとの見方、考え方、価値観に触れることができるし、相手がこれまでに経験してきたことを聞くことで、自分とはまったく違う人生を知ることができるからです。

対話を通して、「人はこんなふうに考えるのか」「同じできごとを、あの人は自分とまったく違う方向から見ているな」「すごい経験談で感動したな」など、たくさんの刺激を得られるからです。

また、相手の話に心動かされたときは、「自分は、こんなことに感動する人間だったのか」という発見ができます。**異質な人と話すことは、よく知らなかったその人を知ることでもあり、結果的にいままで知らなかった自分を知ることでもあるのです。**

もちろん、その逆もあります。自分の話に相手が驚き心動かされている体験は、とてもうれしいものです。話した内容に感動してくれる相手の姿にあらためてその人の素敵さを感じたり、それまで気がついていなかった自分の話の価値に気づかされたりすることだってあります。

だから、そんなに仲の良くない人と言葉を交わすのは、君が想像するよりも刺激的な体験です。結果として、本当に自分にとってマイナスの存在だったら、つきあう機会を少なくすればいいだけの話ですから。

僕は中学・高校時代、気になる相手がいるとどんどん話しかけていた時期があります。きっかけはこんな感じです。

「まだ、君と話したことないよね？」
「下の名前、なんだっけ？」（この質問は、相手の下の名前を忘れてしまったときによく使っていました 笑）
「なんの本を読んでるの？」

近くにいる相手と、なんでもいいから会話を始めてしまうのです。最初は勇気がいるし、反応はさまざまですが、無視されることはまずありませんでした。
グループを作るつもりはないから、その場その場の会話を楽しむだけです。
でも、そうやってなんでもない話し相手が増えていくと、気の合う人、趣味が近い人、話すとおもしろい人、こちらの話をよく聞いてくれる人が見つかって、**「一緒にいると気持ちのいい人」**が増えていきます。
そのゆるい心地よさが土台となって話す時間が増えていけば、それはきっと、すでに友達どうしの証拠。ムリに友達をつくる必要はないけど、一緒にいてお互いが心地よく、前向きな気分になれる存在が近くにいたら、それはとても素敵なことだと思いませんか。

さすがにいまどきの中高生に向かって、まじめな顔で「みんな仲良くしなさい」なんて言うのんきな先生はいないでしょうが、そんな言葉に悩んでいる人を見かけたら、「みん**なと仲良くすることは難しいことだけど、仲良くできたらステキだね**」くらいのアドバイスをしてあげたいものです。

コミュニケーションをサボらないことのメリット

僕が社会人として仕事をするようになって40年近くたちますが、大人の世界にも「仕事**をうまく進めるにはチームの仲が良いことが大切**」と考えている人がいまだに多いことに、ときどき僕はうんざりします。

仕事をするうえで、チームの仲が良いかどうかはそれほど重要なことではありません。仕事を成功させるために本当に大切なのは、実現したい目標に向けて、それぞれの異なる力をどう発揮して協働できるか、です。

むしろ日頃から仲がよく、同質的な集団の方が、問題点を指摘したり、異なる意見を出し合ったりすることが難しく、結果として判断を誤ってしまうこともあります。

大人の中には「対話のスキルなんて、社会人になってから学べばいい」と思っている人もいますが、僕は学生時代の友達づきあいの中でこそ、学ぶことができると考えています。そのためには、ふだんの人づきあいにおいて「友達と仲良くなること」や「親友をつくること」、「誰からも好かれること」などを目的にしないことです。

それらを目的にする人ほど、友達づきあいに苦しむことになるし、将来、社会人になったときに必要な対話の力が身につけづらくなるのではと思います。

友達と話をしていて自分の本音を出し合うと、意見がくい違うことが多くあります。くい違いが続けば、だんだんイライラしてきます。イライラしたまま話し合いを続けても、感情がぶつかり合い、議論はいい方向には進みません。ときにはケンカにもなるでしょう。でも、そんな経験を重ねることこそ、大切なんです。

・意見の衝突をこわがらない

↓一人ひとりの考えや意見が違うのは当たり前

- **対立しても「もう少しだけ」と思って話してみる**

→相手のものごとの見方、とらえ方を知ると、わかり合えるところも出てくるかもしれない

- **イライラしている自分に気づく**

→いま「自分はイライラしている」とわかれば、深呼吸をしたり、いったん議論を止めたりして、心を落ち着けることができる

- **ケンカになったらどうやって話をまとめていけばいいのか考える**

→いら立った感情は感情として置いておき、この対話のゴールはどこかを忘れない

- **次の対話の場面では、どういう言葉を使うといいか準備する**

→うまくいった対話でも、感情的になってしまった対話でも、終わった後に思い返すことでうまくいった理由、イライラした理由がわかれば、次の対話に生かせる

一つひとつの経験が、君のコミュニケーションスキルを高めてくれます。みんなで表面上だけ仲良くしていくよりも、意見の対立をこわがらず、もっともっと人に近づいて、リアルに話してみることを君にすすめます。

「聞こえのいい言葉」を疑え！

大人は、えてして聞こえのいい言葉を使いがちです。たとえば、映画やドラマを見ていても、「自分らしく」「自分に正直に」といったセリフがよく出てくるよね。

「自分に正直になろうよ」
「もっと自分らしくやればいいんだよ」

たいていは悩んでいる主人公や次の行動に迷っている仲間に対して、まわりの人が励ましの気持ちや、元気づけたい思いから口にする言葉です。

それを聞いた主人公や登場人物は、自分らしく正直な選択をしていき、さまざまなトラブルを乗り越えて、感動のクライマックスへ。たしかに物語としては美しい展開ですし、励まし、元気づけたいというやさしさは尊いものです。

ただ、僕はこうした映画やドラマを見ていると、思わず画面にツッコミを入れたくなってしまいます。

「自分らしく？ 自分に正直に？ そんなかんたんに自分がわかるかよ！」って。

素直じゃない？ へそ曲がり？ そうかもしれない。

でも、僕はこうした世間一般に「美しい」とされている言葉が、子どもたちを苦しめているのを何度も目にしてきました。

友達とのつきあい方に悩んでいる子に「もっと自分に正直になればいい」とアドバイスした大人が、正直になって一人で過ごすことを選んだ子に「大丈夫? さみしくない?」と声をかけたり、自分らしいやり方で自由研究を始めた子に「そんなことをして意味あるの?」と言い出したり……。

自分に正直になれば心配され、自分らしくふるまえばブレーキをかけられる。なんだか矛盾していますが、実際よくある話です。

君も、そんなふうに聞こえのいい言葉と現実との矛盾に悩まされていませんか?

たとえば、友達関係について、「みんな仲良く」「誰にでもいいところがあるんだから、人を嫌ってはダメ」「友達にウソをついてはいけない」など、つながり方の「正解」を教えるような言葉が世の中にはたくさんあります。

みんなと仲良くして、誰のことも嫌いにならず、友達にウソをつかない人がいたら、本当にそれが理想的な人間と言えるだろうか？
でも、ほとんどの大人は「そんなの不可能」だと知っています。
だけど、「理想が叶ったらいい社会になるかもしれない……」と、聞こえのいい言葉を「理想論」や「建前」として口にするのです。

君がそこで「そんなのムリだし、そもそも矛盾してないか？」と疑問に感じたのなら、その直感と本音を大事にしていってほしい。
聞こえのいい言葉をうのみにして、「みんなと仲良くできない自分」「人のことを嫌ってしまう自分」「ときにはウソもついてしまう自分」に悩む必要は、これっぽっちもないのです。

「自分に正直に生きろ」
「自分にウソをつくな」

ウソを一つもつかない生き方をするのは、本当にいいことですか？
誰しもウソはつくし、時と場合によっては、「嘘(うそ)も方便」の場面もあるのではないでしょうか。

悩んで疲れたとき、やめてみた方がいいこと

それでも「みんなと仲良くして、誰のことも嫌いにならず、友達にウソをつかない人」を目指し、悩んでしまう人がいます。

まわりの人に合わせて自分をいつわって、疲れてしまう。
友達に合わせたふるまい方に悩んで、疲れてしまう。
本音を抑えてつくろう自分に、疲れてしまう。

校長室にいると、そんな生徒たちが「自分はこのままでいいんでしょうか……」と相談にやってきてくれます。

僕から伝えているのは、「悩んで疲れてしまう君は深く考えていて、すごい」というメッセージ。単に「自分らしく」「自分に正直に」と繰り返すだけの人よりも、人とのつなが

りを真剣に大切にしているからこそ、悩むんです。

でも、悩みすぎて疲れてしまったなら、「理想像を追いかけるのは一度やめてみたらどうだろう?」というのが、僕の考えです。

悩む時間は、僕たちを成長させてくれます。

でも、疲れているとき、ムリにふんばらずに割り切ることも大切です。

人は、みんな、あちこちに気を遣いながら生きています。

それがカッコ悪いかと言えば、そんなことはありません。周囲を気遣いながらも自分のことを尊重し、素敵に生きている人はたくさんいます。

ただ、自分なりの心地いいバランスを見つけるまでには長い時間がかかります。

勉強が大変だったり、人間関係のトラブルが発生したり、親とぎくしゃくしたりすると、いつも通りの自分ではいられなくなります。そういうときは、バランスを取り直すための時間や人との距離が必要になります。

自分のことがわかった気になったり、やっぱりわからないな……と悩んだり、行ったり来たりしながら進んでいく。自分らしいバランスは、かんたんには見つからないものです。

人には力んでいるように見えても、自分の中では肩の力が抜けて自然体、そんな生き方が、僕の考えるカッコいい生き方です。

でも、それなりの歳になったいまでも、なかなかそんな自分にはなれていないように思います。でも、そうなれていない自分も、それはそれでけっこう気に入っています（笑）。

僕は、校長室まで来てくれた生徒たちに、こう伝えるようにしています。

「心の『ひだ』をつくるのが大事。そのひだが多ければ多いほど、深ければ深いほど、も

のごとに対する感性が磨かれていくんだよ」

「悩む時間、つらい自分と向き合う時間を持たないと、心のひだは深くならないよ」って。

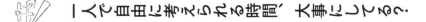

一人で自由に考えられる時間、大事にしてる?

僕は子どものころから運動が大好きだったので、友達とはいつもスポーツをして遊んでいました。

でも、じつはみんなと一緒にいる時間以上に、一人でいる時間も好きでした。だから、あえて一人で行動する時間を作るようにしていたのです。

一人での時間の過ごし方には、2つありました。

一つは、夕方の時間帯を楽しむこと。

夕焼けから暗くなるまでの空や雲の色の移ろいが、なんとも言えず好きでした。ときには自分の部屋の窓から、ときには学校帰りの道すがら、誰にも邪魔されることなく、真っ暗になっていくまでの時間と空間をただただ一人で楽しんでいました。

僕が育った山形県の鶴岡は城下町で、僕の通った高校のとなりには鶴岡公園という城址（じょうし）公園がありました。高校時代、天気のいい日は夕方から暗くなるまでの間、公園で一人たたずんで、よく考えごとをしていたものです。

もう一つの遊びは、「わざと迷子になること」でした。小学生くらいのときの遊びなので、バカな遊びと笑わないでくださいね。

僕はいまもそうですが、子どものころからめちゃくちゃ方向音痴なんです。鶴岡は城下町ですから、町全体、そこらじゅうに袋小路があります。これは敵が攻めてきたとき、かんたんにお城へたどり着けないように考えられたしくみです。

小学校の高学年になると、僕はよく自転車で生活範囲の外に出て行っていました。15分も走ると、まったく知らない街区に出ます。そこで思いつくまま自転車のハンドルを切っていると、袋小路にぶつかります。大きな通りに出ようにもなかなか出られなくなるんです。

方向音痴の僕は、そのうち東も西も、北も南も、いま通った道さえわからなくなってしまいます。いわゆる迷子ってやつです。こうなると家になかなか帰れなくなるわけですが、なぜかこれが気持ちよく、たびたびわざと迷子になる遊びをしていました。

いまになって振り返ると、2つの遊びはどちらも「一人でものごとを考える時間」につながっていたと思います。

「一人であれこれ考える」という習慣は、いまでも続いています。さすがにいまはなかなか夕方の時間を楽しむゆとりはありませんが、僕は朝起きる時間が早く、だいたいは4時起きなので、それからの1時間半くらいは一人であれこれ考える時間にあてています。

前置きが長くなってしまいましたが、子どものころから「ああでもない、こうでもない」

とたった一人で考えるという何気ない行動の繰り返しこそが、**「ものごとを深く考えるクセ」**を僕の脳に刻み込んでくれたのかもしれません。

「当たり前」を疑う練習って、大事だよ

高校生くらいのころから、僕はあらゆるものをいろいろな視点から疑って考えることが好きになっていました。

たまたま一つ気になることが頭に浮かぶと、他人の声や周囲の雑音がときどき聞こえなくなるときがあります。いろいろなアイデアやストーリーが、次々と頭に浮かんでくるのです。その集中したときのワクワク感は、いまも変わりません。

ただ、ときどき困るのは、たまに一人じゃないときにもこの状態に「瞬間移動」してしまうことです。そうなると、当然、人の話がまったく耳に入ってこなくなり、もとに戻ったときは話についていけず本当に困ります（ほとんどは適当にごまかしますが 笑）。

でも、それは僕の妻には通用しません。**「また私の話を聞いてない」**とよく叱られますし、

ときどきは「はい、なんて言ったか復唱してみて」なんてからかわれることもあります。妻はこんな僕に慣れているので、僕の深く考えるクセを許してくれているんです。

「さまざまな友達との対話は、自分に新たな気づきを与えてくれる」ということを前にお話ししました。でも、**「一人の時間こそが大事」**と思っている自分もいます。

真っ青な空に浮かぶ雲や星空の美しさに感動し、いつまでも見ていたい気持ちになったり、本を読んだり、映画を観て思うぞんぶん泣いたり、爽やかな風に揺れる木々の音や夕立の雨音に「いい音だ」と耳を傾けたり、わいわい騒いでいる幼児たちを少し離れたところからほほえましく眺めたり……。

それは、「いままでの自分にはなかったな」と思える感性に気づく瞬間です。

「自分はこんなことに感動するんだ」と知らない自分を発見したとき、それは自分の人生の広がりを感じることができる時間です。

その瞬間は、一人でいる時間の積み重ねのうちにふとやってくるものでした。みんなといるときには、この感覚はなかなかつかめません。

一人でなにかを考えているとき、知らず知らずのうちに感性は磨かれていくものだと僕は思います。

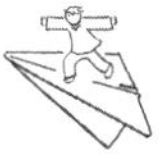

心は、行動といつもペアにできるほど単純じゃない

「君の行動には『心』がともなってない！」

仕事柄、たまにこんなふうに言う大人と出会うことがあります。

君は、どう思いますか？
だいたい君は、自分で自分の心がわかりますか？

あらためて考えてみると、とても難しい質問です。自分で自分のことを理解するのって、そんなにかんたんなことではないからです。

人はときどき「心」にこだわってしまうことがあります。特に君たちくらいの年代は、自分の心のありようがとても気になることがあるかもしれません。

自分を見つめ、自分の生き方を深く考える。もちろん、自分を成長させるためにとても大切なことだし、素敵なことだと思います。

しかし、心をともなうことにこだわりすぎると、良いことをしようと思っても、人目を気にするあまり、臆病になってしまうことがあります。

実際、せっかくよい行動をしても、「本当はあの人、優しくなんかないのにね」「いい子ぶっているだけだよ」「結局、内申点のためだよね」など、否定的にとらえる言葉が聞こえてくることがあることも、残念ながら現実です。

僕にも、自分自身の心が気になってどうしようもない時期がありました。

たしか、高校1年か2年のころです。

「僕はいったい、何者なんだろう……」

「本当はやさしい気持ちなんてこれっぽっちもなく、嫌なヤツ?」

「いいヤツだって思われたくて、人の望む行動をしている偽善者?」

「心と行動を一致させるって、どうすればいいんだ?」

そんなふうに、よく悩んでいたのを覚えています。

かんたんに言えば、当時は自分自身の「あり方」に不満だったんですね。**「自分はカッコよく生きられてない」**という、劣等感みたいなものにさいなまれていたのだと思います。

でも、いつまで考えても答えは出ませんでした。

結局わかったことは、「自分のことなんてわからない」というシンプルきわまりないことでした。

そうしたら、急に、霧が晴れたようにスッキリしたんです。

それは、人生でもっと大切なことが明確にわかったからです。

「本当の自分さえわからないのだから、本当の他人のことなんかわかるはずない」と。

「あいつ、本当はどういう人間なんだろう?」

「なんで、あんな行動ができるんだろう?」

「あの行動にはなにか意図があるんだろうか？」
「本当はウソをついているんじゃないか？」

それまではときおり、そんなことを考えてしまう自分がいたのですが、バカらしくなったんです。
そして、さらに今後の生き方としてもっと大切なことがわかったのです。

「心は見えない。でも、行動だけは事実として明確に見える」
「だったら、素敵な行動のできる人間の方がいいじゃないか」

ということです。じつは、これがいまの僕自身の生き方につながっています。

２５００年ほど前の中国に、孔子という思想家がいました。
君も、名前くらいは聞いたことがあるんじゃないかな。
弟子たちが孔子の教えをまとめた『論語』は現代でも多くの人々に影響を与え続けてい

ますが、その中にこんな有名な一節があります。

子曰はく、
吾十有五にして学に志す
三十にして立つ
四十にして惑はず
五十にして天命を知る
六十にして耳順(したが)ふ
七十にして心の欲する所に従ひて、矩(のり)を踰(こ)えず

おおよその意味は、こんなところです。

孔子は言った。
15歳のときに学問の道を志した。
30歳になったときに独り立ちをし、

40歳になったときには惑わされることがなくなった。
50歳のときに自分の天命を理解し、
60歳になってようやく人の意見に素直に耳を傾けられるようになった。
70歳になって、自分の心の思うままに行動しても人の道を外れることはなくなった。

全文を取り上げて説明したいところですが、ここでは、特に70歳の部分に注目してみましょう。

孔子は、70歳になってようやく心と行動が一致できるようになったと述べています。

つまり、人間という生き物はいくつになっても自分の心を鍛えていくのは難しく、孔子のような大人物でも、いい行動をとるには常に意識することが必要だった、ということなんですね。

そう考えると、63歳という年齢になった僕がいまだに「ああ、僕は人間ができてないなあ」と感じても「そんなの当然だよ」と、なんだか孔子に励まされているような気がしてくるのです。

「心」と「行動」で迷ったら、どっちを選ぶ？

ここに、まったく正反対の行動をとる二人がいるとします。

一人は「自分の高校入試の内申書の評価を上げるため」と公言して、日々ボランティアなど、よいことを行っているAさん。

もう一人は心の底から「いいことをしたい」と思っているのに、いい子ぶってると友達に思われたくなくてボランティアできないBさん。

君は、どちらと仲良くなれそうですか？

僕は、これと同じ質問を全校集会で中学生たちに質問してみたことがあります。

Aさんの方が好きという生徒もいれば、Bさんの方が好きという生徒もいて、考えはさまざまでしたが、そのときの生徒たちの半分以上はBさんの方が好きと答えていました。

そして、僕はさらに質問を加えました。

このAさんとBさんですが、じつは中学3年間、Aさんはほぼ毎週ボランティアに参加していた。でも、Bさんはついに1回もボランティアに参加しませんでした。

さて、あなたはどちらが好きですか？

質問の言葉を少し変えましょう。

どちらの行動が、より価値があると思いますか？

なんだか誘導尋問みたいですが（笑）、生徒たちの反応は明らかに変わりました。

君には、もう予想がついたんじゃないかな。

人は行動の積み重ねでこそ評価されていくものだと、僕は思います。

孔子が言ったように、心はかんたんに磨けるものではないし、自分の心さえもかんたんにわかるものではありません。

内申書のためだと公言しているAさんの心だって、Aさん自身でさえも本当のところはわからないんじゃないかと僕は思う。

それに、こうしたボランティア行動をたった3年間で終わらせずに、Aさんは一生続けていくかもしれない。もしそうだったら、なおさらAさんの行動の価値は際立ちます。

だから、良いと思うことを行動に移せることはとても素敵なことなんです。

堂々と「偽善者」であれ！

君は「偽悪者」という言葉を知っていますか。

「偽善者」という言葉なら知っているかもしれないね。

前の話は、「**よい行動を行う方が大事**」ということ。この言葉を借りれば、まさに「偽善者」でもいいじゃないかということでしたよね。

でも僕の経験上、中高生くらいの年代の子どもたちには、友達を「偽善者」とからかう傾向があると感じています。
そこで、ここではまったく正反対の「偽悪」という言葉をご紹介します。

この言葉は僕が大学時代に読んだ絵本、『きつねのざんげ』（安野光雅著／岩崎書店）のあとがきで知った言葉です。
「偽善」と「偽悪」、一見、相反するように見えるこの2つの言葉ですが、ある視点で考えると、まったく同じだなあと僕は感じているのです。

「偽善」というのはかんたんに言えば「いい子ぶる」というイメージで、まわりによく思われたくてよい行いをすることをさします。
それがまわりから見たときに、その人の「本当の姿」とは違っていると思われ、**「あいつは偽善者だ」**と非難されるわけです。

「偽悪」はかんたんに言えば「悪ぶる」ことを言うわけですが、まわりの友達（特に身近な仲間）に**「いい子ぶってる人間だ」**と思われたくないために、わざと悪いことを行ったり発言したりすることになります。

「いい子ぶる」のも「悪ぶる」のも、中高生にはよく見られる行動だけど、どちらも「自分のまわりに良く思われたい」という視点では一致している行動と言うことができます。

人から良く思われたくていいことをする「偽善」も、仲間から良く思われたくて悪ぶる「偽悪」も、行動の中身は違っても、構図は同じです。

しかし、もう一つの視点で見れば、この二つは決定的に違います。

それは、「いい行動は人の役に立つが、悪い行動は多くの場合、人に迷惑をかける」ということです。

「本当はいいやつなんだけど……」

生徒が問題を起こしたとき、生徒たちはときどきこういう言葉を使います。

その一方で、生徒たちの中には「あいつ、マジメすぎるんだよな」とか「あいつガリ勉なんだよな」などと、まじめに誠実にやっている人をさげすむ言葉を使うこともあります。

大人の社会でも、「多少のやんちゃができた方がいい」などという言葉がしばしば使わ

偽善と 偽悪、どっちが価値がある？

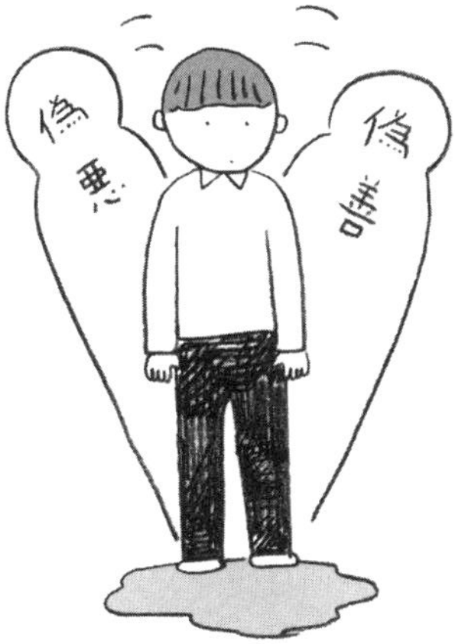

れます。

また、テレビやYouTubeで有名な人の中には「10代のころは暴走族に入っていました」などと自慢げに話をする人がいます。

しかし、たとえ若いころに悪さをしていたとしても、「あのときはバカだった。迷惑をかけて申し訳なかった」、「二度とあのころには戻りたくない」と伝えていればまだいいのですが、その言葉がない人をたまに見ます。

君には勘違いしてほしくないのですが、「悪い行い」をすることで人生経験が深まる、なんてことはありません。

そのときの苦しみ、のちに得た教訓をプ

ラスに変えてこそ、経験に意味も出てくるのです。どんな理由があったとしても、人に迷惑をかけたり、傷つけたりしていいわけがないし、ましてや自分の体験を深めようとするための悪さが許されるはずがないのです。

僕たち大人には、自分の歩んできた道を否定したくないプライドがあります。

僕自身ときどき、ちょっとした悪さをしたことも含めて自分の歩んできた道を美化しているかもしれない、と思うことがあります。

でも、**「ダメなものはダメ」**。それをちゃんと分かる大人になっていくことが大切だと思います。

「福祉関係の仕事につきたい人は、学校の掃除を一生懸命にする」
「人の命を守る医者になろうとしている人は、必死になって勉強する」
どっちも、当たり前のこと。
「掃除もまともにやったことがないのに、福祉の仕事につく」
「ほとんど勉強をしていないのに、医者の仕事につく」（そんなこと、本来ありえないはずだけど……）

その方が、よほど問題だと思うのです。

まじめでもOK。ガリ勉でもOK。

堂々とまじめに生きようとする人、一生懸命に努力し、なにかに打ち込める人、そして、友達のこうした努力を素直に応援できる人は、とても素敵な存在だと思います。

「行動の筋トレ」は「心の筋トレ」よりもずっとかんたん

2017年10月、アメリカのメジャーリーグのワールドシリーズである事件が起きました。

ドジャース対アストロズの第3戦、ドジャースの投手だったダルビッシュ有選手は、アストロズの内野手ユリエスキ・グリエル選手にホームランを打たれます。

グリエル選手はダイヤモンドを1周し、ベンチに戻った後、目尻を指で横に引っ張りながら、母国語のスペイン語でアジア人の蔑称を口にしたのです。

この行為は大問題になりましたが、試合後、ダルビッシュさんはTwitterに英語でコメントします。

「パーフェクトな人間など誰もいない。あなたも、そして僕もそうだ。彼がやったことは決して正しいことではないが、僕は彼を非難するよりも、学ぶように努力すべきだと思う。ここからなにかを得ることができれば、人類にとって大きな一歩だ。（後略）」

僕は、彼の対応に感心し、全校集会でダルビッシュさんのこの話を例に人権問題について語りました。

こうした差別問題に対し、世界のスポーツ界は非常に厳しい対応を見せます。グリエル選手は5試合の出場停止処分を受けましたし、バスケットボールのNBAでは、オーナーが永久追放された例もあります。

その理由について生徒たちに考えてもらった後、僕は話の終わりに次のようにつけ加えました。

「人を差別する心は、誰もがかんたんに消せるものではないかもしれない。また、消せたとしても、いつかまた生まれてきてしまうものかもしれない。長く生きた僕でさえ、自信を持って『差別する心がない』とは言えない。

でも、『ある行為が誰かにとっては差別になる』ことを知識として知ることさえできれば、そうした行為は誰でも止めることができる。みんなにもそうあってほしいし、僕もそうありたい。人間はいつでも、いつからでも成長できる素敵な生き物なんだ」

僕たちは失敗から学び、行動を変えることができます。そして間違った行動をする前に、ブレーキを踏めるようにもなれます。それが人間のすばらしさだと僕は思います。

知らずしらずのうちに誰かを傷つけていたら、自分の行動を見つめ直し、やり直しをしたいものです。誰かに傷つけられているのなら、声を上げ、解決のための行動を始める。みんながそれを繰り返すことができさえすれば、世の中は少しずつ気持ちよくすごせる場所になっていくはずです。

くり返しますが、人間関係がうまくいくコツは、「自分と相手は違うんだ」と知ることです。

人間関係の目的を誰とでも仲良くすることにする必要もありませんし、気が合わない人、嫌いな人はいて当たり前。でも、自分と違う異質な人との出会いから新たな発見が得られるのもよくあることです。

僕から言えるのは、「みんなと仲良くして、誰のことも嫌いにならず、友達にウソをつかないなんて理想は追わず、あちこちにぶつかりながらも行動し続けていってほしい」ということ。自分のことさえわからないのだから、他人のことなどかんたんにわかるはずがないのです。

大事なのは、その前提に立って学び続けることです。

4章では、「人」との関係を通じて「自分」を考えてきました。気の合う友達、友達になれそうにもない人。人とのつきあいは、自分について深く知ることにつながります。自分と相手は違う人、と気づけたら、人間関係は良い方向に変わっていくはずです。

最後の5章では、「学ぶこと」について考えていこう。

第5章

学び

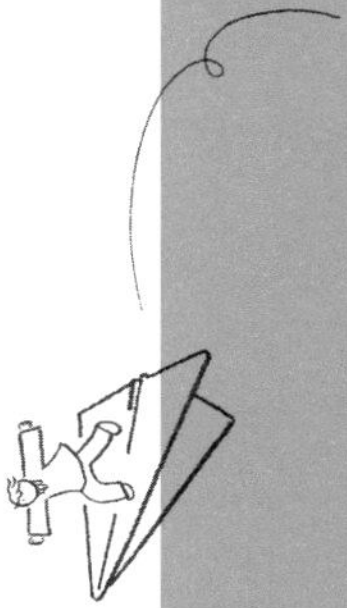

これからの時代に
必要な学びを、
一緒に考えよう

宿題なんて、ホントはやらなくていい!

僕は麹町中学校の校長時代、宿題を完全になくしました。
その後、いろいろな場所で「どうして宿題をなくしたんですか?」と聞かれます。
宿題をなくした理由は、第1章で書いた「自律」と深くつながっているんです。

たとえば、「『花』の漢字を30回書きなさい」という漢字練習の宿題が出たとします。でも、君はもう「花」という漢字を知っていて、きちんと書ける。そんな君にとって、30回「花」を書く宿題は時間のムダです。でも、やらないと怒られるから、結局書くはめになります。

宿題の廃止に反対する教員には、こう伝えていました。「すでに知っている字をなんの疑問も持たず30回書く子が、みずから問題解決できる大人になれると思いますか?」と。

宿題を出されたら、子どもたちはまず「どうやって早く終わらせるか」を考えます。提出が大事だとわかれば、「どうやってやったふりをするか」を考えます。つまり、宿題を出せば出すほど、子どもたちは勉強がわかるようになりたいと思わなくなっていくのです。

だから、僕は宿題を出すのをやめました。ムダな宿題の繰り返しが、子どもたちから自律や主体性を奪いかねないと考えたからです。

ほかにも、毎日たくさんの宿題が出る学校では、こんなことが起きがちです。

20問出た数学の宿題のうち、Aさんにも、Bさんにもわからない問題が2つありました。ほかにも宿題が出ているので、Aさん、Bさんはじめ、多くの生徒がわからないところを飛ばして、わかるところだけ書いて提出します。すると、どうなるでしょう? 答えは「時間だけが奪われる」です。

この宿題のやり方では、学力も成績も伸びません。重要なのは、わからない問題。だから、はじめからわかっている問題を解くのは時間のムダなのです。

でも、いまほとんどの学校では生徒の学力と関係なく、複数の教科で同じ宿題が一律に出されます。生徒たちは先生に怒られないために、提出することを優先する。だから目的が「提出」になり、宿題は単なる「作業」になっていく。

つまり、多くの学校では、本来、学力を伸ばすという目的を達成するための手段である「宿題をやること、提出すること」が目的化してしまっているのです。

「やらない」選択肢を自分で選べたら、自律している証拠

自律した人の中には「宿題をやらない」という選択を決断する人もいます。

たとえば、サイボウズという大手ＩＴ企業を経営する青野慶久さんは高校時代、「納得できないなら、**宿題をやらない**」主義だったそうです。

漢字の書き取りの宿題には、「**それは手の運動にすぎません。僕は違う覚え方をします**」と伝え、教師を困らせていたといいます。

メディアアーティストの落合陽一さんも高校時代、自分の興味関心のあることを最優先し、やらない科目はほったらかしだったそうです。

また、棋士の藤井聡太さんは、担任に「**なぜ宿題をやる必要があるのか**」「**宿題も授業のうちに入るのではないか**」と話し合いを求めています。

その後、藤井さんは卒業間近で高校を中退。あと2か月在籍したら卒業できたのに、1日を丸ごと将棋に向けるため、「**学校にこれ以上時間を奪われたくない**」という理由で中

宿題の山
どういう意味が
あるのだろうか
ドリル

退したのです。

僕の知り合いの元プロサッカー選手に、こんな話を聞いたことがあります。

その人は若いころ、オランダのアヤックスという強豪チームにサッカー留学していたのですが、下部組織のジュニアチームでもコーチと選手の関係が対等で驚いた、と語っていました。

たとえば、コーチが**「ダッシュ10本」**と指示を出したら、小さな子どもたちも**「なぜ、10本やるんですか?」**と質問します。子どもたちは、そのメニューがどんな能力を伸ばすのかを聞かせてほしいと迫るのです。

もちろんコーチも**「だまってやれ」**などと

は言わず、きちんと理由を説明します。

「試合の後半に疲れてくると、決定的な場面が起こりやすくなる。そんな場面でいいポジションにいられるのは、走れる選手だ。そのための持久力とスプリント力を養うために、ダッシュ10本をするんだ」

自分で「なぜ？」と疑問を持ち、答えに納得すると、練習への取り組み方が変わります。コーチに一生懸命練習していると思われたくてダッシュする選手と、「この練習は自分のこの筋肉を伸ばす」と理解してダッシュする選手。どちらが将来、よい選手に成長していくかは明らかですよね。

もし、君が宿題を提出するためだけにやっているのなら、一度、「これはどういう意味があるんだろう？」と考えてみることをすすめます。

君の「好き」に価値が生まれる瞬間

僕たちは好きななにかに出合うと、勉強をしているつもりではなくても猛烈な勢いで情報を集め、自分からどんどん学んでいきます。

たとえば、電車が大好きになった子どもは親に言われなくても次々と学び、知識を深めていきます。原動力が、「好き」だからです。

電車の歴史が書かれた本を読み、疑問に思ったことは図鑑で調べ、車輌の名前を覚えます。どうしたら乗りたい電車に乗りながら効率よく移動できるかを考え、複雑な時刻表を読み解きながら旅の計画を立てていきます。やがて同じ趣味の友達ができて、電車の深い話をするようにもなるでしょう。

すると、相手に驚いてもらいたくなったり、共感してもらいたくなったり、喜んでもらいたくなったり、自分のこだわりポイントのおもしろさを伝えたくなったりして、ますます学ぶ意欲がわいてくるはずです。

大切なのは、好きなことから知ったこと、学んだことを誰かに「伝える」こと。友達に直接伝えるのでも、ＳＮＳでもいいのです。アウトプットすることで、知識には価値が生まれ、新たな仲間が見つかります。

仮に、君の電車の知識がいくら豊富だったとしても、宿題には出ないし、学校でほめられないかもしれません。

でも、それは「好きになった対象が、学校の時間割にあるかないか」だけの違いでしかありません。

もし、君が「一方的に押しつけられる学校の勉強をする意味がわからない……」と不満に感じてイライラしているなら、興味の向かうジャンルについて、遠慮なく学んでいけばいいと思います。

電車、ファッション、昆虫、料理、スポーツ、心理、ゲームなど、君の心が動きさえすれば、対象はなんだってかまいません。どんなジャンルでも君の好きを素直に追いかけていくと、あらためて学校の勉強と結びつく瞬間がやってくることもあります。

「国語や数学の勉強って、人にわかりやすく話を伝えるために役立っているんだ」
「社会や歴史で知ったあのできごとが、このゲームのストーリーにつながっているのか」
「理科や物理で教わった法則で、このしくみは動いているんだ！」

　こうした驚きは、大人になってからも続きます。
　心が動き、ほかのジャンルとのつながりに気づいたとき、自分の知識や経験を人や社会にアウトプットして役立てようと思ったとき、君が勉強に使ってきた時間に真の価値が生まれるのです。

「コンピテンシー」はこれからの時代のキーワード

　僕は近い将来、入試や就活で、偏差値が示す学力より、本人が人生経験の中で培った力が重視される時代になっていくと考えています。
　というのも、ロボットやＡＩ、ビッグデータなど、僕たち大人から見ても、科学技術が予想を超えたスピードで進化しているからです（このへんは、君の方がくわしいかもしれないね）。
　その進展に合わせて、世の中では新たな仕事やサービスが次々と生まれ、僕たちの生活も大きく変化しています。
　特に、機械による自動化に取って代わられる職業は多岐にわたっています。また、新たなサービスの出現で、当たり前にあった業種が消え去るようなことも起きています。

こうした変化の激しい社会を生きていくためには、入試問題で問われるような「なにかを覚えて正確に再現する力」よりも「自分で考え、判断し、決定し、行動できる力」、つまり「自律する力」が大切になります。

そこで大切になってくるのが、君の「コンピテンシー」です。

君の能力・行動には、再現性があるか？

いまから20年ほど前、「プレイステーション」で有名なソニーの人事部の方と話す機会があり、そこで**「採用面接では、学生のコンピテンシーを重視しています」**と聞きました。

「コンピテンシー（competency）」をインターネットで調べてみると、**「優れた成果を創出する個人の能力・行動特性のこと」**とあります。

ハーバード大学の研究チームが、**企業で優秀な成果を残している人たちについて「この人はなぜ成果を出せるのだろう？」**と注目し調べたところ、そこから見えてきたのは、彼らの「価値観やモチベーションからくる行動」が高い成果につながっている、ということでした。

ここから「本人が何度も行動を起こし、経験を積み重ねて身につけた力」、つまりコンピテンシーが重要だと考えられるようになったのです。

ソニーの人事部の方は、こう話してくれました。

「経験をくり返して身につけた力は、その後、何度でも再現できます。私たちが面接で知りたいのは、『いままでその人がどんな経験をしていて、うちで採用したらどんな力を再現してくれるのか』です」

その評価方法は、行動を通じてたくさんのことを学び、成長していく生徒を見てきた僕にとって、とてもしっくりくるものでした。

とはいえ、コンピテンシーはテストの点数や偏差値のように数値化できるものではありません。では面接で、どうやって相手のコンピテンシーを見抜くのでしょうか？

基本的には次の3つの質問の答えによって、コンピテンシーを見ていきます。これは世界でスタンダードになっている人材採用の手法で、入社試験でも、大学の総合型選抜入試でも、高校受験の現場でも使われています。

- 志望の動機　「なぜ、ここ（会社、学校）を希望したのですか？」
- 過去の経験　「これまでに、どんなことをやってきましたか？」
- 今後の希望　「ここ（会社、学校）に入ったら、どんなことをしたいですか？」

コンピテンシーがすぐれている人は、この3つを論理的に関連づけて、一つのストーリーとしてわかりやすく伝えることができます。たとえば、こんな感じです。

「私には、〇〇というやりたいことがあります（今後の希望）」
「それを実現できる場所を探した結果、〇〇ができる環境のあるこちらにたどりつきました（志望の動機）」
「〇〇をやりたいと思うようになったのは、こんなことがきっかけで、〇〇の実現をめざ

してこんなチャレンジをしてきました」（過去の経験）

一方、コンピテンシーが発展途上の人は、3つの質問に対してバラバラの答えを返してしまう傾向があります。

「○○というサービスが好きだからです／○○さんの部署で働きたかったからです」（動機）
「文化祭でチームをまとめた経験が、自分を成長させてくれました」（経験）
「ここに入ったら、よりいっそう成長できるようにがんばりたいです」（希望）

経験を通じて身につけた力は、その後の人生で何度もくり返し発揮することができます。しかも、くり返せばくり返すほど、その力は強くなっていきます。

そして、僕がこの本で何度もお伝えしている自分で考え、判断し、決定し、行動できる「自律力」を支えるのも、コンピテンシーです。

「他者の立場を尊重することの大切さを、具体的な実体験を例に語れる人」

「他者との間に共通の目的を見出し、握手した経験のある人」

一方、次のような経験では、とてもコンピテンシーとは呼べません。

「文化祭で実行委員長をしていたけど、意見がまとまらず困っていました。そこに先生が来てくれて、いい話をしてくれて、まとまりが出ました」

大事なのは、みんなの目標を一致させるアクションです。

「私は、文化祭の実行委員長として、みんなのやりたいことを聞きました。はじめのうちは、一人ひとりが好き勝手に言葉にしていたので、私はみんなにこんなふうに問いかけました。『言うのはかんたんだけど、実現するのは大変。まずは最上位の目標を決めて、それを実現するために必要な方法として、どんな内容がふさわしいか選択肢を考えましょう。そして、それぞれの選択肢を選んだときに考えられる手間やリスクについて整理していきませんか？』と。

その後、放課後の時間を割いてみんなで語り合いました。何度もぶつかり合いが起きましたが、その都度感情と意見を切り分け、対話を通じて意見を一致させることに成功しました。

粘り強い対話を通じて、意見が違う人たちと共通の目的を見いだし、一緒に作り上げること。それが、文化祭実行委員長として学んだことです」

ここまで流暢に話せなくても、たとえば大学入試の面接でこの内容を伝えることができれば、きっと「この人は大学に入っても同じように集団を動かす力を発揮してくれるかもしれない」と評価されます。

「これからの日本」と向き合ってみよう

結論から言います。

学生時代の成績なんて、その後の人生でたいした意味はありません。

なぜなら、社会人として働き始めると、仕事の成果と「学生時代の成績」や「出身学校の偏差値」が、その人の能力や周囲の人への影響力とはまったく関係ないとわかってくるからです。

この章の最後に、学校の成績よりも大切なことについて、しっかりとお話ししておきたいと思います。

それは「これからの日本」について考えることです。

これから社会に出て行く君たちにとって、本当に必要な勉強がなにかを考える重要な材料になるからです。

これから、3つの図を見てもらいたいと思います。

世界時価総額ランキング Top20（1989年）

順位	企業名	時価総額(億ドル)	業種	国名
1	日本電信電話	1,638.6	IT・通信	日本
2	日本興業銀行	715.9	金融	日本
3	住友銀行	695.9	金融	日本
4	富士銀行	670.8	金融	日本
5	第一勧業銀行	660.9	金融	日本
6	IBM	646.5	IT・通信	アメリカ
7	三菱銀行	592.7	金融	日本
8	エクソン	549.2	エネルギー	アメリカ
9	東京電力	544.6	エネルギー	日本
10	ロイヤル・ダッチ・シェル	543.6	エネルギー	イギリス
11	トヨタ自動車	541.7	一般消費財	日本
12	GE	493.6	複合	アメリカ
13	三和銀行	492.9	金融	日本
14	野村證券	444.4	金融	日本
15	新日本製鐵	414.8	鉄鋼	日本
16	AT&T	381.2	IT・通信	アメリカ
17	日立製作所	358.2	一般消費財	日本
18	松下電器	357.0	一般消費財	日本
19	Phillip Morris	321.4	一般消費財	アメリカ
20	東芝	309.1	一般消費財	日本

世界時価総額ランキング Top20（2022年）

順位	企業名	時価総額(億ドル)	業種	国名
1	Apple	28,281.9	IT・通信	アメリカ
2	Microsoft	23,584.4	IT・通信	アメリカ
3	Saudi Aramco	18,868.9	エネルギー	サウジアラビア
4	Alphabet	18,214.5	IT・通信	アメリカ
5	Amazon.com	16,352.9	サービス	アメリカ
6	Tesla	10,310.6	一般消費財	アメリカ
7	Meta Platforms	9,266.8	IT・通信	アメリカ
8	Berkshire Hathaway	7,146.8	金融	アメリカ
9	NVIDIA	6,817.1	IT・通信	アメリカ
10	Taiwan Semiconductor Manufacturing	5,945.8	IT・通信	台湾
11	Tencent Holdings	5,465.0	IT・通信	中国
12	JPMorgan Chase	4,940.0	金融	アメリカ
13	Visa	4,587.8	金融	アメリカ
14	Johnson & Johnson	4,579.2	一般消費財	アメリカ
15	Samsung Electronics	4,472.9	IT・通信	韓国
16	UnitedHealth Group	4,320.0	金融	アメリカ
17	LVMH Moet Hennessy Louis Vuitton	4,134.3	一般消費財	フランス
18	Home Depot	4,117.1	サービス	アメリカ
19	Bank of America	4,053.0	金融	アメリカ
20	Walmart	4,025.0	サービス	アメリカ

出所：ダイヤモンド社『週刊ダイヤモンド』2018/8/25号（1989年）
Wright Investors' Service, Incのデータ（2022年）

上の図は、世界中の企業の時価総額ランキングです。

「企業の時価総額」とは、その企業の持つ価値を金額で表したもの。つまり、時価総額が高い企業は、人気のあるモノやサービスを提供していて、社会から必要とされていると言うことができます。

この数字をもって、企業の力や国の経済力を知ることができるわけではありませんが、一つの目安として考えるきっかけにしてほしいと思います。

左のランキングは1989年、いまから約35年前のもの。そして、右のランキングは2022年1月時点のものです。

１９８９年の世界の企業時価総額ランキングの１位は、日本電信電話（現在のＮＴＴ）です。２位に２倍以上の差をつけて首位でした。さらに、ランキングのトップ５を日本企業が独占。50位までに32社がランクインしています。

ところが、２０２２年１月の世界時価総額ランキングを見ると、結果はがらりと変わります。トップ10は、アルファベット（グーグルの持株会社）、アップル、メタ・プラットフォームズ（旧フェイスブック）、マイクロソフト、アマゾンを含むＩＴ企業とテスラなどのアメリカ企業が席巻。一方、日本企業はというと、50位以内に入っているのはトヨタ自動車１社のみです。約35年間で、日本企業の世界における立ち位置は大きく後退しました。

そして左ページの図は、世界の先進国の平均年収ランキングです。日本の平均年収は90年代をピークにゆっくりと下がり続け、いまやアメリカの３分の２しかありません。

生産性について考えることは、「生き方」について考えること

次に、２４４ページの図を見てください。

主要先進国の2020年の平均年収ランキング

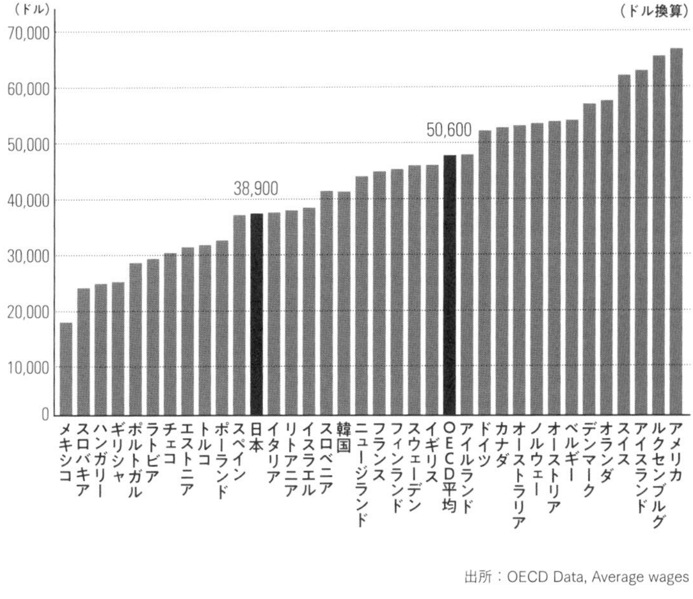

出所：OECD Data, Average wages

OECD加盟諸国の労働生産性
(2020年・就業者1人当たり／38カ国比較)

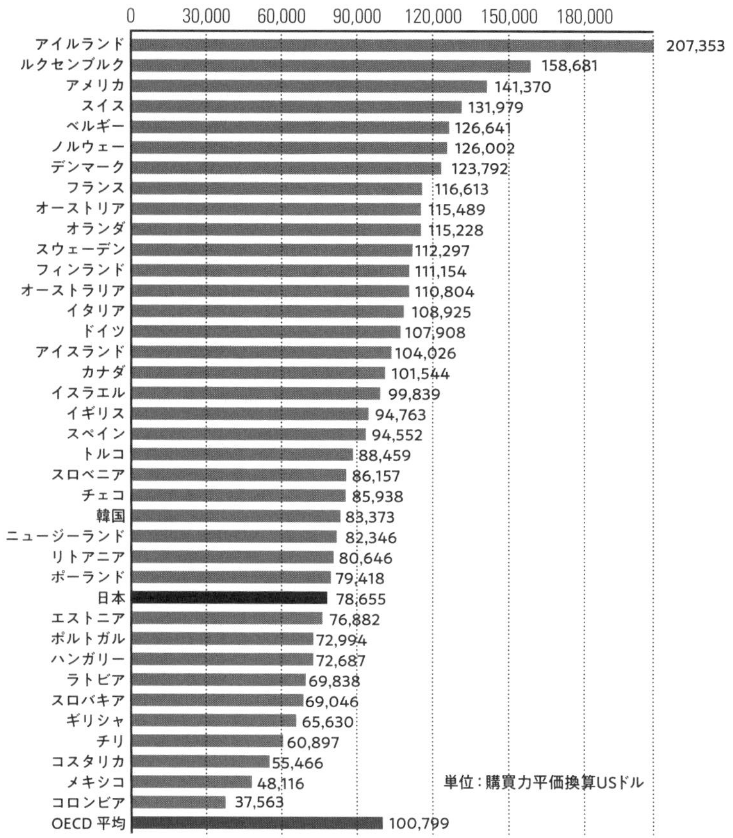

出所：公益財団法人 日本生産性本部「労働生産性の国際比較 2021」

これは、世界の労働生産性を示すグラフです。

日本では、以前から世界と比較して労働生産性が低いことが課題として挙げられていますが、２０２０年の調査でＯＥＣＤ加盟国38カ国中28位と、１９７０年以降最低の結果となってしまいました。

かんたんに言えば、「働いている時間が長い割に成果が上がらない」ということ。労働生産性が低いことが、日本の賃金が上がらない大きな原因の一つになっています。

僕は、日本の生産性の低下は、子どもたちの「学び方」とも大きな関係があると思っています。

日本の15歳時点での子どもたちの「学力」は、ＯＥＣＤの調査などを見ると長い間、変わらずに世界トップクラスを維持しています。

しかし、大人の世界になると新産業への対応が遅れていたり、イノベーションが起きていなかったりと、教育問題が日本経済の低迷の原因の一つにも挙げられています。

じつは、スポーツの世界でも同じような傾向があります。

高校生までは個人競技、団体競技ともに世界最高レベルだと言われていますが、大人の世代になったとたん、ほとんどの競技が遅れをとっていくと言われているのです。

その理由を考えてみると、どちらも若い世代の学び方と、学ぶ時間に原因がありそうです。スポーツを例に挙げると、大きく2つの特徴があります。

一つは、「選手がコーチに従順であること」。

コーチが決めたメニューをひたすらこなしていくタイプの若者が多いのです。

腹筋100回、背筋100回、ハイジャンプ100回、ダッシュ10本、さらには反省ノートを書いて毎日コーチに提出など、コーチに指示されたことに従順な若い選手たちの姿が浮かび上がります。

別の言い方をすれば、「なんのためにこの練習をやるのか」をみずから考える習慣がついていないということです。体調が悪くても、ほかの人たちと体力が違っていても、100回という数をこなすことが目的になってしまっています。

もう一つの特徴は、「練習時間がとにかく長い」ということです。

日本のあるスポーツの強豪校の中には土日も含めて休みなし、朝練、夜練ありなんて状況が、つい最近まではざらにありました。

そこで、以前、僕と応用神経科学者の青砥瑞人さんが書いた『最新の脳研究でわかった！自律する子の育て方』（ＳＢクリエイティブ）という本の中で取り上げた興味深い事例を一つ紹介します。

ニュージーランドにネルソン・カレッジという、13歳から18歳の男子生徒約１０００名が通う中高一貫校があります。

ニュージーランドと言えばラグビーの「オールブラックス」のイメージが強いように、世界屈指のラグビー強豪国ですが、当然この学校においてもラグビーはとても盛んで、「オールブラックス」にも何人も優秀な選手を送り出しているそうです。

驚くのは、その練習量の少なさと、いちばん大切にしている目標の日本との違いです。

ニュージーランドでは週末に試合が組まれるのが一般的ですが、その1試合を行うための平日の練習は週2日程度だというのです。多くても3日だそうで、週あたりの活動が試合も含めて多くて4日です。

「最大の目標は勝つことではなく、楽しむことであり、高校生としてラグビー以外にもさまざまな体験をしてほしい」とのことでした。

練習内容や練習方法も含めて、目的を見誤ることなく、なにをやるか・やらないかを常に自分の頭で考え、試行錯誤する習慣の大切さ。それは、スポーツの世界にかぎりません。

人生の正解はテストの中じゃなく、君の中にある

君のお父さんやお母さんたちもすでにそうかもしれないけど、一つの会社に就職して定年まで働くという時代はほぼ終わりました。

これからはオンリーワンの新しい事業を立ち上げる力、自分の能力を活かせる場所を探して転職していく力や、副業・兼業を行う力が必要になります。本来、学校の勉強はそういう力を育んでいくためにあるものです。

ところが、日本の多くの学校が行っている教育はいまも、人口が右肩上がりに増えていた時代と変わりません。

大学入試では、いまだに「1点でも多く取った人を合格させる」ということをやっています。この制度が残っているのは、世界でもいまや日本と韓国くらいでしょう。

ペーパーテストの学力を上げるには、繰り返し同じことをやればいいわけですが、その間に「自律して学ぶ力」はどんどん失われていきます。

これからは、「正解にならえ」ができない時代。なぜなら、正解そのものが誰もわからない時代だからです。

だから、君自身が自分の未来に必要だと思うことを選び、主体的に学んでいかなければいけません。しかし、いつの間にか勉強時間を増やすということが目的になってしまっています。**それを変えるためには、ただ先生の言うこと、親の言うことを素直に聞いているだけではダメです。**

この本で何度も言っているように、僕は学校の勉強よりも前に、自分で考えて決定する力、対立やジレンマが起きたときにそれを解決する対話の力が大事だと考えています。

日本の人口推移

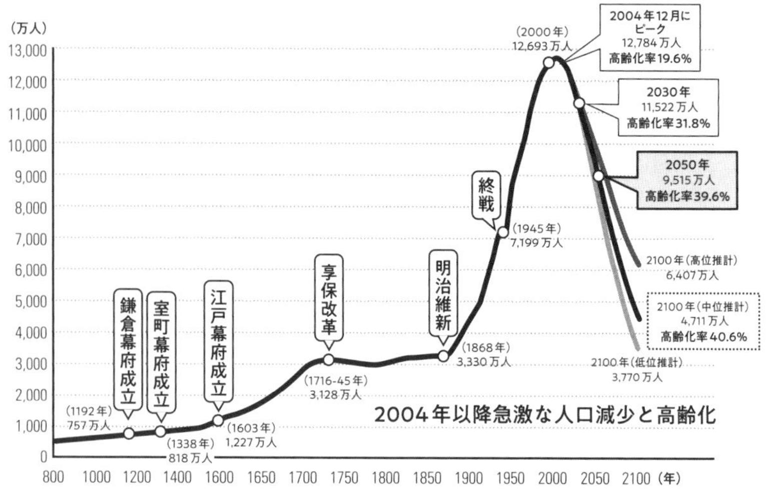

出所：「国土の長期的展望」中間とりまとめ 概要（平成23年2月21日国土審議会政策部会長期展望委員会）

人の役に立つけれど、むずかしくて儲からないことにチャンスがある

経済は人口が増えると成長し、人口が減ると縮小します。実際、日本の戦後の急激な人口増加と経済成長は正比例しています。

1980年代までは、基本的に「作れば売れる」時代でした。たとえば、誰かが成功させたビジネスモデルがあれば、それを真似して作った商品やサービスもまた売れるという状況です。創意工夫よりも、基本的に「正解に右へならえ」をしておけばうまくいく時代でした。

　しかしこの30年間で、急激な人口減少などもあり、日本の経済はすっかり低迷してしまいました。ＩＴ化も含め、新産業への対応も遅れをとっています。いままでと同じ働き方をしているのであれば、日本がこの負のスパイラルから逃れることは不可能でしょう。

　でも僕たちは、必ずここから抜け出すことができるのです。

　では君たちには将来、どんな働き方が求められてくるのでしょうか。72ページでも紹介した植松電機の植松さんが、僕の学校の生徒たちに、こんなふうにアドバイスしてくれました。

「昔は、人口が増えていたから、どの仕事にも入り込む余地がありました。だからこそ、『誰かが食えている仕事をすれば、自分も食える』だったのです。
　でもいまや、人口は減っています。誰かが食えている仕事には、入り込める余地がありません。入り込めるとしたら『安く仕事を引き受ける』しかありません。ですから、どんどん労働環境が悪化するのです。
　これからの仕事は『人の役に立つか』『社会の役に立つか』で判断すべきです。その判断は、

まず失敗しません。

さらに競合相手から遠ざかりたければ、競合相手がやらないことをやればいい。それは『困難』と『不採算』です。『困難』を、かんたんにできるように工夫するのです。『不採算』を、儲かるように工夫するのです。それができれば、競合相手のいない仕事をすることができます。

ですから、僕らが目指すべき仕事は、『人の役に立つことで、困難で、不採算なこと』です。これをやったら、競合相手のいない仕事ができます。僕は、これこそが、これからの人口減少社会における『安定』なのだろうと思っています」

つまり、君たちが社会に出て働くときに役立つのは、学校の成績や偏差値よりも、人や社会の困りごとに気づける力、その困りごとを解決する方法を考える力、その方法がたとえ前例のないむずかしいものであってもチャレンジする力、そして最後まであきらめずにやり抜く力。

こうした力が、新たなモノやサービスを生み出していくのです。

ぜひいまから、そんな感性を持ってくれたらと思っています。

おわりに

人のためになにかができる自分になると、少し違った自分が見えてきます。

一度きりの人生、年をとってくるとよくわかりますが、「悔いのないように生きたい」と思うようになります。その感覚の始まりが、君たちくらいの年頃にあったな、と思うのです。

いろいろなことにもがき苦しんだり、打ちひしがれたりする経験を何度もするでしょうが、その一つひとつが、自分を強くしてくれるのです。

失敗のたびに感じる後悔でさえも必ず、未来の幸せにつながっていきます。

そうしているうちに、自分の存在そのものがいとおしくなってきたら最高です。

しかし、人は自分のためだけに生きても、そんなに力ってなかなか湧いてこないものです。

これは、君たちがさまざまな経験をし、失敗や成功を繰り返しながら、もう少し大人になったらわかってくることです。

「誰かのためになにかをしたい」と思えるのはとても素敵なこと。

みんなは若くて、親やいろんな人たちに与えてもらうばかりで、自分自身が誰かになにかをしてあげたいと思う経験は、まだほとんどないかもしれません。

でも、少しずつそういう経験を積み重ねていくと、ますます自分の生きている意味が見えてくるはずです。そして、もっと自分自身がいとおしくなってくるはずです。

そんな人生になったら、素敵ですね。

この本を読んでくれた君といつか語り合える日を、楽しみにしています。

工藤勇一

工藤勇一（くどう・ゆういち）

横浜創英中学・高等学校 校長

1960年山形県鶴岡市生まれ。東京理科大学理学部応用数学科卒。
山形県公立中学校教員、東京都公立中学校教員、東京都教育委員会、目黒区教育委員会、新宿区教育委員会教育指導課長などを経て、2014年から千代田区立麹町中学校長。
教育再生実行会議委員、内閣府 規制改革推進会議専門委員、経済産業省 産業構造審議会臨時委員など、公職を歴任。2020年3月まで千代田区立麹町中学校で校長を務め、宿題廃止・定期テスト廃止・固定担任制廃止などの教育改革を実行。一連の改革には文部科学省が視察に訪れ、新聞各社・NHK・民放各局などがこぞって取り上げるなど話題となる。
著書に10万部を超えるベストセラーになった『学校の「当たり前」をやめた。』(時事通信社)、『改革のカリスマ直伝！15歳からのリーダー養成講座』(幻冬舎)、『子どもたちに民主主義を教えよう――対立から合意を導く力を育む』(苫野一徳氏との共著・あさま社)などがある。

考える。動く。自由になる。

15歳からの人生戦略

2023年3月15日　初版第1刷発行
2023年4月10日　初版第2刷発行

著者	工藤勇一
発行者	小山隆之
発行所	株式会社実務教育出版 〒163-8671　東京都新宿区新宿1-1-12 電話 03-3355-1812（編集）　03-3355-1951（販売） 振替 00160-0-78270
編集	小谷俊介
編集協力	佐口賢作・本創ひとみ
装丁	三森健太（JUNGLE）
撮影	㈱ダニエルズアーク
イラスト	須山奈津希
DTP・図版制作	華本達哉（aozora.tv）
校正	鴎来堂
印刷・製本	図書印刷

ISBN978-4-7889-0311-1 C0037

48ページ内の大谷翔平選手によるマンダラ式チャートは、
『一流の達成力』（原田隆史・柴山健太郎共著・フォレスト出版）内より引用しています。